何がなんでもミステリー作家になりたい！

鈴木輝一郎

河出書房新社

何がなんでもミステリー作家になりたい！　†　目次

はじめに　13

第一章　ミステリーはわりとかんたんに書ける

1　ミステリーとはなにか　23

一　物語に目的があること（注・目的とテーマは異なる）　24

二　目的をはばむハードルがあること　25

三　最後に必ず物語の目的が達成されること　26

2　どこからをミステリーと呼ぶのか　ミステリーに必要なもの　27

3　「日常の謎」ミステリー　ふつうの人が遭遇する事件簿　30

4　ミステリーを書くための基礎知識　32

ミステリーにはどんな知識が必要か　32

法律の知識はつけておこう　刑法・刑事訴訟法　33
民法　なんとなく身についているけれど確認を　35
行政法　一般的な市民感覚とはちと違う　38

5　ミステリーを書くための基礎知識　警察編　40
警察を知るには何を読むか、どこから学ぶか　41
その他に警察のアウトラインを知るために　44
その他の知識　法医学・法科学　46

6　ミステリーを書くための基礎知識　日本語編　48

7　ミステリーを書くための基礎知識　パソコン編　52
小説を書くためのパソコン・ハード編　ウィンドウズでもマックでも　52
小説を書くためのパソコン・ソフト編　ワープロファイルとテキストファイル　56

第二章　ミステリーの書き方　ストーリー編

1　ミステリーの構造を理解しよう　62
ストーリーとキャラクターは競合することがしばしばある　63
ミステリーのストーリーには一定のパターンがある　64

2　ミステリーの目的のつくりかた　65
どこに物語のメインを置くのか決めましょう　65
殺人事件の物語にする場合、ストーリーの目的は「犯人さがし」　66
犯人が主役　倒叙ミステリー　67
殺人事件ではないミステリーで気をつけること　67
トリックをメインにする　本格推理　69
動機をメインにする　社会派推理　71

舞台背景をメインに　『ヴェニスの商人』　73
3　ミステリーのハードルのつくりかた　77
誰にとって謎なのか？　誰にとってハードルなのか？　78
4　謎が作れないときには？　シーンの5W1Hを意識しよう　82
シーンは五つの要素からできている　83
「いつ？」「どこで？」を考えればアリバイトリックになる　84
「ホワイダニット」は読者が納得できるような理由が必要　87
ミステリーは「ハウダニット」と「フーダニット」から始まった　88
5　謎ができたらストーリーができる　90
三幕法　起承転結と序破急とシド・フィールド　93
階層管理法　97

第三章　ミステリーの書き方　キャラクター編

1　キャラクターは「立てる」前に「考え」よう　109
2　複式履歴書法　登場人物をつくりこもう　111
履歴書A　登場人物があなたの物語に「就職」するように書く　113
履歴書B　キャラクターは作品に登場する前から世界に存在していた　120
複式履歴書法でやらかしがちな失敗編　125
3　どんなキャラクターをどこに配置するか　127
登場人物のカテゴリー　視点者　128
登場人物のカテゴリー　探偵　131
登場人物のカテゴリー　犯人・敵役　133

第四章　ミステリーの書き方　ルール編
1　ノックスの十戒　聖書のパロディ　139
2　ミステリーのルールのエッセンス　142
謎は冒頭で示す　144
謎を解く鍵はあらかじめ読者にすべて提示する　144
謎は合理的・論理的に解く　145
3　ルールにこだわらない　147
第五章　ミステリーの書き方　ありがちな失敗編
1　なぜ長編を書きあげられないか　どうすれば脱稿できるか　150
執筆時間がないときはどうするか　151
トリックが思いつかないから書けないときはどうするか　154

実は自分の実力を確認したくない　155
規定枚数に達する前にストーリーが終わってしまった　157
書いても書いても終わらない　別の意味で準備不足　159
作品の出来が悪いので書き続けるのが苦痛　162

2　なぜ予選を通過できないのか　165

自分の実力を正面から見据えよう　166
日本語がおかしい　国語力は落とし穴　168
何を伝えたいかがわからない　171
物語がどこに向かっているのか、わからない　173
書かれていないことをつくっていない　175
視点者がやたらに多い　視点者の描き分けができていない　178
読書量が不足している　181

3　なぜ最終選考に残らないのか　183
過去作品のリストをつくって見直してみよう　184
自己模倣におちいっていないか　189
先行作品をチェックしよう　190
道具立てをミステリーのジャンルのなかだけで済ませていないか　192
4　なぜ受賞できないのか　200
本選考と一次・二次の通過とでは選考の基準が違う　202
運と才能に左右されるのは事実　208
これから――小説家は幸せか　213

何がなんでもミステリー作家になりたい！

はじめに

自慢じゃないが（という自慢なんだけど）鈴木輝一郎小説講座では毎年すくなくとも一人は新人賞を受賞してデビューしています。おおむね二十五人から三十人にひとりぐらいの割合です。

ざっと洗ってみたらこんな感じ。

二〇一三年　受賞一名、予選通過八名。

二〇一四年　受賞一名、予選通過十名。

二〇一五年　受賞二名、予選通過二十四名。

二〇一六年　デビュー四名、受賞三名、予選通過二十五名。

二〇一七年　デビュー三名、受賞一名、予選通過三十三名。

二〇一五年にいきなり予選通過者が増えているのは、二〇一四年から二〇一五年に急に受講生が増えたから。ネット受講にほぼ完全対応したからですね。二〇一六年からデビューと受賞者をわけているのは、時節柄、受賞とデビューがイコールではなくなってきているから。

ちなみにデビュー後二作目までこぎつけた受講生としては、オール讀物新人賞を受賞した歴史小説の奥山景布子さん、島田荘司選 ばらのまち福山ミステリー文学新人賞優秀作を受賞した水生大海さん、GA文庫大賞（後期）奨励賞を受賞した徒埜けんしんさん、横溝正史ミステリ大賞を受賞した逸木裕さん、アルファポリスからデビューした邑上主水さん、エンターブレインえんため大賞 ライトノベル ビーズログ文庫部門特別賞受賞の松村亜紀さん、角川つばさ文庫小説賞金賞を受賞した大空なつきさんなどがいます。

いちおう、「鈴木輝一郎小説講座は全国屈指のプロデビュー率」とうたっているんですが、山村正夫記念小説講座や大阪創作サポートセンターなど、受講生をじゃかすかプロデビューさせている講座の人と話をしていると、あちらもおおむね四十から五十人にひとりぐらいのペースでデビューしている、とのこと。

電撃小説大賞の応募者およそ五千人、小説すばる新人賞千三百人、文學界新人賞二千四百人、ってな数字をみると、「新人賞を受賞してデビューするのは難しい」ような気がしますけど、そんなことはありません。

「やることをやっていれば、新人賞を受賞してプロデビューするのは、一般に思われているほどには難しいことじゃない」

ということです。

小説家志望者のひとにはごく基礎的なことを教えています。

一　新人賞の締め切りまでに書き上げる

二　中学卒業程度の日本語力をつける

三　登場人物の履歴書をつくる

この三つをクリアすると、ほぼ新人賞の予選は通過します。新人賞の受賞は運に左右されますが、予選通過に運は関係ありません。過去の実績をみれば一目瞭然ですね。

「そんな馬鹿な」と思った人は、この三つをやったことがあるか、ちょっとふりかえってみましょう。

「仕事が忙しくて新人賞の締め切りに間に合わなかった。だから別の新人賞に出す」という、「締め切りの先延ばし」をやったことはありませんか?

「中学卒業以上のレベルの日本語で書いているに決まっているじゃないか」と思う人は、いますぐ近所の書店で中学卒業相当の国語の問題集を買って、解いてみましょう。ちなみに中学卒業程度の国語の問題集ですから、八十点や九十点は「なかなかできる」とはいえません。

登場人物の履歴書は、書かない人がほとんどじゃないでしょうか。ストーリーやプロットの技法には熱心な人が多いのですが、現在の新人賞事情では、ストーリーだけでオリジナリティや新鮮味を出すのは限りなく不可能に近いと思ってください。

コミケなどでは二次創作がさかんです。すこし考えてみましょう。なぜ二次創作ができるのか。それは、設定やキャラクターがしっかりできていると、それだけでストーリーができてしまうからです。

逆にいうと、小説の良し悪しは、ストーリーではなく、設定やキャラクターで決まる、ということです。

小説家を目指すひとには「とりあえず長編を締め切りまでに埋められるようになったら(質は問わない)、ミステリーを書いてみましょう」という話をしています。なぜか。

ミステリーはすべてのエンタテインメント小説の基本だからです。

ミステリーは、次の三つが必要とされる小説です。
一　作品全体を通す謎がある
二　次のページをめくりたくなる細かい謎がある
三　すべての謎が必ず解決する
いうまでもなく、これは他のすべてのジャンルの小説を書くうえでも必須の技術ですね。

ミステリーが書ければ、他のジャンルの小説も書けるようになります。あと、ぼく自身、推理作家協会賞を頂戴《ちょうだい》しているので、ミステリーなら多少なりともわかる、って事情もあるんですが。


また、ミステリーを書くと取材力がつきます。

ミステリーの執筆には取材が不可欠です。

殺人事件がおきたら誰が捜査にあたるのか、といった、最初の一ページの話でさえ、取材や調べごとをせずに書くのは不可能です。

小説家は職業ではなく状態です。「書き続けられるかどうか」がひとつのポイントです。

重要なのは、着想といえども無から有は生じない、ということです。着想とは、すでにもっている知識や経験を組み合わせて別のものをつくりあげる作業のことです。

着想力と発想力は摩耗します。

受講生の投稿履歴を時系列にそってならべてゆくと「だんだん結果が悪くなる」という例は多い。その検証をしてゆくと、執筆にばかり熱心で読書や経験が不足している。最初の作品で着想や経験を出し切ってしまったために「着想の残高」がなくなってしまっている。

これは若い書き手ほどその傾向がつよい。理由は単純で、若いほど経験の蓄積がすくないので、取り崩すとすぐに残高がなくなるからです。

同じ理由で、若いころから書き続ける——出力ばかりに熱心で、読書や経験などの入力をおろそかにしてきた中高年の書き手の作品は摩耗しているケースがけっこうあります。

才能は増やすことはできません。

ただ、取材力は努力でなんとかなる分野です。

将来的にどうなるかはともかく、ミステリーを書くことで取材力をつけ、デビューしたあとにもプロとしてやってゆけるようにしましょう、ということです。

冒頭からいきなり「プロとしてやってゆけるように」という話をして驚くかもしれません。

ですが、毎年、何人もの受講生が新人賞を受賞したりデビューしてゆくのを目《ま》の当たりにしている立場から断言しますが、プロの小説家になるのは、夢物語でもなければ、口に出すのも恥ずかしい世迷《よま》い言《ごと》でもありません。とても身近で、実はけっこう手の届くところにあります。

あなたは、プロになれます。

とはいえ、存在しない作品は落選することもできません。

とにかく、書いてみましょう。

第一章　ミステリーはわりとかんたんに書ける

仕事の告知でTwitterを多用しています。
小説の書き方をツイートすることが多いんですが、さいきんぼくが書いたツイートのなかでリツイートが多かったものはこれ。

かんたんにミステリーを書く方法
一　死体を転がす
二　死体の5W1Hを列記する
三　二でつくった5W1Hを逆から追い込む
推理小説は応募数が少ない。乱歩賞は「該当作なし」がない。ミステリーは穴場だぜ、小説家志望者諸君。

Twitterはなにせ字数制限がきついので大雑把な物言いになりますが、まあ、実際のところ、そんな感じではあります。

ミステリーは一般文芸にくらべると、トリックとかプロットとかの約束事が多いので面倒なようにみえますが、約束事をマスターすればそれなりに形になる、ってことでもあります。

ビジネス文書が書式のマナーが決まっていて、マナー通りに書けばとりあえず「らしく」なるのと似たようなものかな?

ここらへんはごちゃごちゃ言うよりも、とりあえず書いてみたほうが話が早いですね。

では、やってみましょう。

1　ミステリーとはなにか

ミステリー・推理小説というと、すぐさま殺人事件やトリックを連想する人が多いのですが、実際にはちょっとちがいます。

ミステリーというと「謎解き」のイメージがあって、書くのがたいへんそうな印象がありますが、ミステリーの構造はきわめてシンプルです。

一　物語に目的があること（注・目的とテーマは異なる）
二　目的をはばむハードルがあること
三　最後に必ず物語の目的が達成されること

というものです。
具体的にみてゆきましょう。

一　物語に目的があること（注・目的とテーマは異なる）

ミステリーに殺人事件が多いのは、殺人事件は「犯人を逮捕する」という「物語の目的」が読者にとって明確だからです。この「物語の目的」はテーマとは異なります。

たとえば松本清張『砂の器』（新潮文庫）ではメインのテーマはハンセン病に対する差別で、物語の目的は殺人犯の逮捕です。

本格推理とよばれる作品では、テーマは「誰に殺されたか」「どうやって殺されたか」といったところに焦点が当てられます。

もちろん物語の目的はどんなものでも構いません。天藤真『大誘拐』（東京創元社）ではタイトルどおり、主人公たちが身代金を奪うことが目的でした。

二　目的をはばむハードルがあること

殺人事件を例にとると、犯人を逮捕しようとするうえで「誰が殺したのかがわからない」「どうやって殺したのかがわからない」「いつ殺したのかがわからない」「なぜ殺したのかがわからない」といったハードルをつくります。

「誰が殺した」は「フーダニット（who done it）」、「どうやって殺した」は「ハウダニット（how done it）」と呼ばれます。典型的なミステリーの形ですね。

「ホワイダニット（why done it）」は殺人の動機に焦点を当てたものです。日本では何度か「推理小説は文学か否か」という論争がありました。このとき江戸川乱歩が「どちらも論はあるが、新しい才能の出現を待つ」なんてことを言いました。何年かのちに、動機、すなわちホワイダニットに焦点を当てた松本清張があらわれることになります。

ハードルは探偵側にあってもかまいません。

物語のひとつの定型としては「バディ（相棒）物」とよばれるものがあります。

これは、まったく異なる履歴をもつ二人の主人公が、共通する目的を達成するために組む、というものです。

二人の主人公が互いに反目することで葛藤《かっとう》が生まれ、それが事件を解決するためのハードルになります。

画《え》になりやすいせいか、小説よりも映画やドラマで多用される手法です。古いところではエディ・マーフィー＆ニック・ノルティ『48時間』などがあります。定番中の定番のストーリー形式なので、例は山ほどあります。

三　最後に必ず物語の目的が達成されること

これは解説の必要はありませんね。殺人事件の場合、犯人が逮捕されることです。

とりあえず手元にあるミステリーをチェックし、次の質問に対する答えをそのミステリーの余白に書き込んでみるといいでしょう。

一　あなたの今読んでいる物語の目的はなんですか?
二　あなたの今読んでいる物語の目的をはばむハードルはなんですか?
三　あなたの今読んでいる物語の目的はどういう形で達成されていますか?

2　どこからをミステリーと呼ぶのか　ミステリーに必要なもの

ミステリーの新人賞の応募要項には、必ず「広義のミステリー」とあります。では、「広義」とはどこからどこまでをいうのでしょうか。

はっきりとした決まりはありませんが、いちおうの目安としては、

「物語が刑法に違反する事件であること」

というところでしょうか。

日本の刑法で罪が定められているものをあげてみましょう。

殺人、傷害、暴行、恐喝、逮捕監禁、名誉毀損《きそん》、業務妨害、窃盗、強盗、強制性交、詐

欺、横領、放火、公務執行妨害、贈収賄《ぞうしゅうわい》、などがあります。

このほか、刑法ではありませんが刑事告発をうけるものとして、薬物・覚醒剤事犯、株の不正取引などがありますね。

こうしてならべてみると「ミステリーは刑法犯罪をあつかったもの」というのが納得できるんじゃないでしょうか。

ミステリーを書くうえで難しいのは、実のところトリックとかストーリーの問題ではなく、

「事件そのものをイメージしにくい」

ところにあります。

刑務所・拘置所の収容者数は平成二十九年に法務省が発表したもの（http://www.moj.go.jp/content/001230426.pdf）をチェックすると、一日平均収容総数およそ五万七千人。

これはおおむね愛知県常滑市や新潟県佐渡市の人口に匹敵します。

ちょっとまわりを見回してみましょう。あなたのそばに、愛知県常滑市や新潟県佐渡市の出身のかたはいらっしゃいますか？

身の回りに刑務所・拘置所の経験者がいる可能性は、だいたいそのぐらいの感じです。しかも、刑務所・拘置所の罪名別人口をみると窃盗が三十三・四%、覚醒剤取締法違反が二十七・三%と全体の六割をしめています。

覚醒剤は逮捕・起訴がだいたいセットになっていますが、みなさんの知り合いに薬物依存症者はいますか？　いないのが普通です。

ミステリーでもっとも馴染みの深い、殺人事件となるともっと少ない。

殺人で刑務所にはいるとなかなか出られないので、殺人事件の被害者数をみてみましょう。

警察庁の『平成28年の犯罪情勢』(https://www.npa.go.jp/toukei/seianki/h28hanzaizyousei.pdf) では、平成二十七年の殺人の被害者は男女あわせて九百三十三人。これは北海道古宇郡神恵内村の人口とだいたい同じぐらい。さあ、北海道古宇郡神恵内村出身の人に、会ったことはありますか。

要するに、ふつうの生活をしていると、刑事事件を解決する現場に出会うどころか、刑事事件に一生縁がないまま過ごすことになります。

とても大切なことですが、

「ミステリーとは、現実味のあるファンタジーだ」ということです。

3 「日常の謎」ミステリー　ふつうの人が遭遇する事件簿

ミステリーは一種の論理パズルでもあるので、「刑事事件ではない謎」で謎を作ることは可能です。

身近で日常的な謎を、論理的に解明してゆく「日常の謎」ミステリーは、なかなかの活況を呈しています。

北村薫さんの『円紫さんと私』シリーズが代表的なものですが、そのほかに米澤穂信さんの『古典部』シリーズや、高校の吹奏楽部を舞台にした初野晴さんの『ハルチカ』シリーズ、新刊書店を舞台にしている大崎梢さんの『成風堂書店事件メモ』シリーズなどなど、枚挙にいとまがありません。

日常の謎ミステリーを書くいちばんのメリットは「読者が感情移入しやすい」ことがあ

げられます。

殺人や暴行、恐喝などの刑事事件は滅多に遭遇するものじゃない。人間の想像は経験の範囲内に限られるという側面があります。身の回りで人を殺したり殺されたりしないと、殺人事件はなかなかイメージしにくい。「だからこそ殺人事件は書きやすい」って側面はありますが。

書く側にとっても「著者が感情移入しやすい」ことはメリットです。登場人物にシンクロするとき、殺した殺されない、なんて極限状態はかなり心理的に辛いものですしね。

デメリットはもちろんあります。

小説そのものが基本的に非日常を描くものなので、日常の謎を描くとなると、謎のスケールが小さくなることは避けられません。「スケールが小さい」と、ひとつの事件だけで長編をささえるのが難しい。気づかぬまま長編にすると間延びするので、受講生がこの種の作品を書いた場合には「短編連作に」と指導はします。

また「ミステリーの」新人賞レースには弱い、ということはあります。これはある意味しかたないことで、予選委員から「日常の謎ミステリーと一般小説とどこが違うのか」と言われれば返す言葉はありません。

もちろん前述のとおり、日常の謎ミステリーにはよい作品がたくさんあります。また、きちんと作ればよい作品になります。

4　ミステリーを書くための基礎知識

本書では「小説の新人賞は割とかんたんにとれる」と書いています。このあとでも何度でも書きます。

なぜかんたんにとれるのか。それは、ほとんどの小説家志望者は「何も勉強しなくても小説は書ける」と思っているので、それなりに勉強すればそれだけで頭ひとつ抜け出せるからです。

ミステリーにはどんな知識が必要か

どんな仕事をするにも基礎知識が必要なように、現代ミステリーを書くうえでも、やはり基礎知識は必要で、勉強は重要です。

ミステリーを書くためにはどんな知識が必要か。

おおきくわけると次の二種類があります。

「ミステリーを書くために必要な知識」

「小説執筆全般に必要な知識」

もちろん、民法や行政法のように「ミステリーを書くわけではないが知っておいたほうがいい知識」もあります。

小説の新人賞の傾向と対策ばかりに熱心で、必要最低限の知識だけをかきあつめて書き上げる例が後を絶たないのですが、基本的なことをおろそかにしないでください。

法律の知識はつけておこう　刑法・刑事訴訟法

とりあえず先に「ミステリーを書くために必要な知識」の話からはじめましょう。
〈刑法　参考図書〉伊藤真『伊藤真の刑法入門』（日本評論社）
「ミステリーとは、物語が刑法に違反する事件であること」という話をしました。刑法に違反する事件を知るためには、刑法自体を知る必要があります。
犯罪の構成要件なんてものは知らないのが普通です。包丁で被害者を刺し殺したとき、ただ怒鳴って刺し殺すのと「ぶっ殺してやる！」と怒鳴りながら殺すのとでは、傷害致死罪と殺人罪の差がでます。

法律は基本的に現実のモラルを後追いして成立するものなので「刑法を勉強しましょう」というと身構えてしまいます。

けれども前述のとおり、たいていの犯罪は常識的に考えても悪いことがほとんどです。整理して考えれば、そう難しいものではありません。

民法は比較的わかりやすい解説書がいくつもあるのですが、刑法は日常生活でほとんど無縁なせいか、専門的なものが多い。

伊藤真氏は司法試験の受験塾でしられるかたで、この本はその伊藤氏による刑法の解説書です。

この本がとりあえずいちばんわかりやすいのでお勧めです。

〈刑事訴訟法　参考図書〉伊藤真『伊藤真の刑事訴訟法入門』（日本評論社）

刑事訴訟法は刑法以上に馴染みのない法律で、あまり縁がない――というより、なんのための法律か、よくわからないのが普通です。

ざっくり言うと「警察が逮捕して起訴するまでの流れを決めた法律」です。テレビなどでよく家宅捜索や逮捕のときに令状をしめしているのを見たことがあるとおもいます。

では、なぜ令状が必要なのか？　誰が令状を出すのか？　いつ令状をとってくるのか？どんな理由で令状が必要なのか？　そんなことを決めたものが刑事訴訟法です。

政府は人を監禁することや強制労働につけること、そして人を殺すことを許された組織です。もちろんやたらめったらそんなことをやられてはかなわないので、一定のルールがつくられています。それが刑事訴訟法です。

刑事訴訟法はミステリーをたくさん読めばいやおうなく身につく知識ですが、刑事訴訟法の解説書にあたるのが実はいちばん手っ取り早い。

これもまた、『伊藤真の刑事訴訟法入門』がいちばんわかりやすいので、買って目をとおしておくのがよかろうとおもいます。

民法　なんとなく身についているけれど確認を

刑法にくらべると民法はずっと身近です。法律とおもうと身構えてしまいますが、生活にひろく深くかかわっています。

おおまかに物権・債権・親族・相続に分類されています。そう書くとなんだか手ごわそうですけど、「どういう状態だと誰の持ち物になるのか」「物の売り買いのルール」「どこまでを家族と呼ぶか」という話が中心です。

「家族とは何か」「夫婦とは何か」なんて書くとなんだか哲学的ですけど、ようするに家族とか親族だとかのルールを決めておかないと、権利だとか責任だとかの問題が生じるからです。家族の誰かが入院したとか、急に手術が必要だという場合に手術の同意書はどうするか、とか、そんな局面はけっこうある。

所有権と占有権の違い、とか、善意の第三者、とか、そこらへんのところは「日常の謎」ミステリーを書く場合にも関係してくる。

民法は日本語の文法とよく似ているところがあります。「なんとなく常識で理解しているけれど、微妙なことはビミョー」という意味です。

刑法は知っていてもあまり日常生活の役には立ちませんが、民法はおおまかなところを知っておくと、意外と役立つものです。

民法は刑法にくらべて勉強しやすい。地方の書店にもたいていそれらしい本があります。伊藤真『伊藤真の民法入門』（日本評論社）は民法についてざっくりと書かれた名著ですが、それでも寝ます（つまり刑法や刑事訴訟法はもっと勉強が大変で、確実に寝る、ってことです）。

スマホ用のアプリで民法で検索をかけると、いろいろな民法の問題集が出てきます。小説を書くための民法の勉強なので、クイズを解くようなノリでいろいろやってみるといいでしょう。

おすすめの勉強法として、「国家資格を受験する」というものがあります。

宅地建物取引士を受験してみる方法もあります。

宅建士（宅地建物取引士）は国家資格としてはきわめて受験者数が多い。毎年二十万人程度が受験しています。

合格率は十六パーセント前後と、決して難しいものではないことと、なにせ受験者数が多いので参考書や問題集は全国どこでも入手できる。

宅建業法や用途地域などはミステリーとはあまり関係ありませんが、漫然と民法を勉強するよりは、目標があったほうが励みにはなります。

行政法　一般的な市民感覚とはちと違う

「行政法って何のこっちゃ?」と思う人がほとんどだと思います。

行政法とは、特定の法律のことではなく「行政が関係してくること全般のいろいろな法律をまとめたもの」のこと。ミステリーに関係する法律としては地方自治法、地方公務員法、警察法、行政手続法などがあります。

ざっと目を通すと意表を突かれるものがけっこうあります。「国は法律が定めたこと以上の権限であれこれ制約できる(行政指導とか、いろいろありますね)」なんてものにはびっくりしますね。

「行政がミスをしても、行政は責任をとらない。直接損害を受ける国民が自分でなんとかする」というのは、釈然としませんけどね。戸籍の誤記などは行政が間違っていてもこちら側が届け出て市区町村長権限で修正するといった手続きが必要ですし。

行政法はきわめて多岐にわたっているので、ひとつひとつ詳しく知る必要はありません。だいたいこんな感じ、というものがつかめれば十分ではあります。

行政法はいくつかの法の総称なので、系統立てて勉強するのはけっこうたいへんなのと、やはり法律の勉強なんで、参考書に目を通すと確実に眠くなる。

行政書士の試験科目に行政法があるので、行政書士試験に挑戦してみてはどうでしょうか。

行政書士は毎年五万人程度の受験者数がいる、受験者のとても多い国家資格です。合格率は年によってかなりムラがありますが十パーセント前後ぐらい。「けっこう歯ごたえはあるけどとんでもなく難しいというほどではない」程度の難易度です。なにせ受験者数が多いので参考書や問題集も充実しています。

行政書士試験の試験科目は法令関係では憲法・民法・商法・行政法・基礎法学から出されます。憲法はミステリーとはあまり関係ありませんが、商法や基礎法学はミステリーを書く上では「知らなくてもなんとかなるけど知っておくと役に立つ」知識ですしね。

ミステリーを書くための法律の勉強の最大の特色は、

「暗記しなくていい」

こと。ぼくは暗記が苦手でメモ帳を手放せないんですが、「勉強だけど暗記しなくていい」ってのは、本当にたすかります。

5　ミステリーを書くための基礎知識　警察編

ミステリーを書くためには、警察の知識は必須です。

殺人事件を扱う場合は当然としても、「日常の謎」ミステリーを書く場合でも「ここは警察に相談すべきかどうか」と登場人物が悩む局面は出てくるでしょうしね。

時代小説・歴史小説には「時代考証」というものがあります。時代小説や歴史小説の場合、「この時代にそんなものは存在しなかった」といった指摘をされないように、チェックするためのものです。

近年は推理小説の世界でも、時代小説での時代考証のように、警察についての考証をやかましくいわれるようになってきました。

社会派ミステリーのように、現実の問題をテーマにしたミステリーを書く場合、明智小五郎やホームズのような名探偵が突然あらわれてちゃちゃっと事件を解決すると、読者の目が肥えてきたためにしらけてしまうということです。

パズラーと呼ばれる、謎解き中心のミステリーにせよ、ファンタジーのような警察小説を書くにせよ、警察のシステムを知ったうえで演出としてあえて事実を変えるのと、知らずに著者の勝手で書いてしまうのとでは、作品のリアリティに格段の差がでます。

警察を知るには何を読むか、どこから学ぶか

鈴木輝一郎小説講座の受講生からしばしば受ける質問に、

「『これ一冊で警察のすべてがわかる』という資料はありませんか」

というものがあります。これについては、

「ありません」

と即答することにしています。

警察に関する入門書はわりと豊富にあるので、自分で書店に足を運んでチェックしてみるのがいちばんいいだろうとおもいます。

ネット書店は絶版本や初版部数が少なくて入手が困難な本を手に入れるのには向いていますが、基礎知識がない状態で「なにがわからないかもわからない」ときの入門書をさが

すのには向いていませんしね。
入門の入門書としては、とりあえずこんなところがあります。

〈オフィステイクオー『刑事ドラマ・ミステリーがよくわかる警察入門　捜査現場編』（実業之日本社）〉

事件発生から送検までのおおまかな流れについて解説した参考書です。「警察と検察と刑事と検事の区別がつかない」という状態ならば、まずこれから目を通してみるといいでしょう。

電子書籍で売っているので、絶版で入手できなくなる心配もありませんし、地方在住でも入手できます。

〈古野まほろ『警察手帳』（新潮社）〉

元キャリア官僚による警察の入門書です。こちらは著者の本業が小説家なせいか、図鑑というよりも人間が描かれているのがポイント。

この種の解説書は著者の拠《よ》って立つ根拠や立場を理解することが重要ですが、本書の場合、「いつごろの話」「はっきり話せる話と話せない話の境界線」などが明確になっている良書です。

本書も電子書籍になっているので、絶版や品切れの心配もなく、地方在住でも入手できます。


〈『捜索・差押えハンドブック』『Q&A実例適正捜査の分かれ道』(立花書房)〉

立花書房は警察実務の書籍を専門に編集・発行している出版社です。以前は図書目録を送ってくれて、送料を払えば自宅まで送ってくれました。いまは書店で購入できないものや、取り寄せも所属の警察署でないと難しいものが増えました。

立花書房のホームページは左記。

『立花書房』(http://tachibanashobo.co.jp/)

書籍販売ランキングには『捜査手続実務必携　擬律判断から捜査書類作成まで』とか『供述調書作成実務必携』など、魅力的なタイトルがならんでいますが、いずれも部内用図書で、警察官でなければ買えないのが難点。

警察の実務はけっこう法の範囲を超えています。警察サイドで「だいたいここらへんぐらいは大丈夫」なんてラインがみえてくる資料群なので、ホームページをチェックして、ネット書店などで入手できそうなものを買ってみる、というのも手かもしれません。

その他に警察のアウトラインを知るために

〈警察白書〉

あと、おおまかに参考にするものとしては、『警察白書』があります。警察が重点を置いているものはなにかということをざっくり知るのに役立ちます。

以前は書店の店頭でそれなりの値段がしたのですが、いまは『警察白書』で検索をかけると無料でダウンロードできます。要約版も公開されているので、要約版にざっと目を通すだけでも十分だろうとおもいます。


〈犯罪白書〉

警察白書が警察行政全般をカバーしているのに対し、犯罪白書は法務省が作成している、犯罪に特化した白書です。これも『犯罪白書』で検索をかけると無料でダウンロードできます。こちらも概略として「あらまし」が公開されているので、そちらに目を通してアタりをつけ、本文にあたってゆく、というのがいいかもしれません。

法務省が作成するものなので、警察からフルイにかけられ、検察に送られた事件についてのレポートです。

平成二十八年度版のあらまし（http://www.moj.go.jp/content/001208852.pdf）をチェックすると、警察から検察に送られた事件の起訴率は三十三・四パーセント。そして裁判が確定した三十三万三千七百五十五人のうち、無罪はわずか八十八人。有罪率は九十九・九七パーセント。

ここから、「検察が起訴したらそれでアウト」「警察に捕まっても裁判まで持ち込めないものが七割ちかくある。起訴猶予もふくめてですが」という実情が見えてきますね。そして出てきた数字をみて、「意外と警察は大雑把に逮捕しているものだ」とみたり、「警察に逮捕されても、起訴をまぬがれれば何とかなる。警察をだますか、送検されたあと不起訴や起訴猶予にどうやって持ってゆくか」とみたりすることで、どこらへんにドラマをつくるか、みえてきますよね。


〈警察本部公式サイト〉

県警単位で装備や組織が若干違います。

司法解剖を行う監察医がいるのは大都市圏だけですね。警視庁はかつて航空監視用として飛行船を持っていました。

どの県警本部も自前の公式サイトを運営しているので、こつこつと時間をかけて目を通す習慣をつけておくとよかろうとおもいます。

その他の知識　法医学・法科学

警察にかかわる知識でそのほかに必要なものとしては、法医学・法科学の知識があります。

法医学は大雑把にいえば、死体がころがっていた場合、それが犯罪かどうか、もし犯罪がからんでいるとしたら、いつ、誰に、どうやって殺されたかを見極めるものです。

以前は立花書房から図版が大量に収録された法医学の入門書が安価で入手できたのですが、現在は絶版となっています。

それらしい法医学の書籍はいずれも専門書にちかく、購入にはけっこう勇気がいります。

もっとも、法医学の教科書は焼死体や絞殺、刺殺などの死体写真が満載で、購入したあともいろんな意味で勇気がいります。

法医学については、お近くの図書館のレファレンスカウンターで問い合わせてみるといいでしょう。どこの図書館にも置いてあるはずです。基本的なところはあまりかわらないので、基礎的なところをざっと把握し、最新情報をインターネットなどでこつこつ集めてゆくのがよかろうとおもいます。


法科学は科学捜査にかかわるもので、毛髪・骨格・DNA鑑定、画像解析、爆発物や火災の鑑定、毒物・薬物鑑定、土砂の鑑定、筆跡鑑定、声紋、プロファイリングなど、きわめて多岐にわたっています。

範囲が広すぎてカバーするのは困難ですが、「とりあえずここまではわかる」という目安ぐらいはあります。

警察庁の所管する『科学警察研究所』(http://www.npa.go.jp/nrips/jp/)の公式サイトの組織図をみると、だいたいどんなところをチェックしているかがわかります。

また、民間企業の『法科学鑑定研究所』(http://alfs-inc.com)には動画が豊富に収録されています。

これらのサイトをチェックしたうえで、それぞれの分野の入門書類にこつこつ目を通してみるのがよかろうとおもいます。

警察の知識は、あくまでも「揚げ足をとられないための知識」にすぎません。警察の法律運用はかなり流動的で、時代によっておおきく変化しています。科学捜査についても激変しています。

パトリシア・コーンウェルの『検屍官』シリーズ（講談社）は一九九二年に翻訳されてから二十五年以上経過していますが、いまだに根強い人気をほこっています。DNA鑑定がまだ普及する以前の作品で、法医学の知識もずいぶんと古めかしさを感じますが、それでも、いま読んでも面白い。登場人物がいいから、ですね。

小説は実用書とは役割が違います。小説が読者に渡すのは、情報ではなく情熱と感動です。知識はあくまでも道具に過ぎないことを忘れずに。

6　ミステリーを書くための基礎知識　日本語編

初めて書かれた長編原稿に目を通すと「何が書いてあるのかがわからない」ことがよくあります。意外な理由として「日本語が変」ということがあります。

それ自体は恥ずかしいことでもなんでもありません。

長編の小説の新人賞だと、すくなくとも原稿用紙換算で三百枚ぐらいになります。三百枚の原稿を書いたことがありますか？　まあ、ふつうはないとおもいます。生まれてはじめてフルマラソンを走るとフォームもへったくれもなくなるように、小説のような長文を書くと日本語がぐちゃぐちゃになるのは当たり前です。

とはいえ、小説は日本語で書かれているので、日本語がおかしいままではちと困る。そこで鈴木輝一郎小説講座では受講生に「まずは日本語をチェックしましょう」と言っています。

具体的な参考書としては、

『くもんの中学基礎がため100％　中学国語　文法編』（くもん出版）

をおすすめします。問題集です。

全国のどこの書店でも店頭での入手が可能です。

「中学国語？」とあなどる人がおおいのですが、いざやってみると青くなることがけっこうあります。ぼくも青くなりました。

ちなみに「中学国語」なので七割や八割の正解率では「よくできた」うちにははいりません。あなたの手元にある本（小説でなくてもかまいません）で二割も誤字脱字文法間違いがあったら読む気は失せるでしょう？

新人賞を受賞する程度であれば、難解な漢文やレトリックを駆使する必要はありません。それよりも「読みやすくてわかりやすい日本語で書かれていること」が重要です。

主語と述語が対応していなかったり、修飾語がかかる被修飾語が混乱していたり、といったことがとてもよくあります（ぼくもよくやります）。

名詞の「話」と動詞「話す」の連用形「話し」を混同していることもけっこうみかけます。

文法の知識は日常生活ではほとんど使わないし意識していませんが、点検することは大切です。

また、文法と同じぐらい重要なものに、用字・用語や表記のルールがあります。

改行をしたら一字さげる、カギカッコは下げない、句読点はぶらさげにして文頭にもってこない、といったことを忘れている例はけっこうあります。

表記的にはカギカッコの直前に句点をつけるのが正しいらしいのですが（例「○○と言った。」）、業界慣習として、カギカッコの直前の句点は外します（例「○○と言った」）。

無言や会話の「間」を表現する場合、三点リーダーの二つ打ち（例「……」）を使いますが、これをナカグロで代用してしまう例をけっこうみかけます（例「・・・」）。

また、無言や余韻をあらわす「――（ダッシュ）」を「ーー（長音符）」にしているケースもよくみかけます。

こうしたことはひととおりチェックすればなんとかなるものなので、用字用語辞典のたぐいに目を通しておきましょう。

基本的にはどんなものでもかまいませんが、ぼくがおすすめするのは、講談社校閲局編『日本語の正しい表記と用語の辞典』（講談社）

紙の書籍だと若干入手が難しいとおもいますが、大都市の書店ならば置いてあるはずです。電子書籍になっているので絶版の心配をせずに済むこと、全国どこでも入手が可能なことが特徴です。

7　ミステリーを書くための基礎知識　パソコン編

ミステリーに限らず、一般公募の新人賞に応募するためには、パソコンでの執筆は必須です。「手書き不可」という新人賞がほとんどです。

技術的にはさほど高度なものは必要ありません。ただし、最低限のものは必要です。ハード面とソフト面からみてゆきましょう。

小説を書くためのパソコン・ハード編　ウィンドウズでもマックでも

まずはパソコン本体について。

小説を書くためのパソコンは、最低限の性能で構いません。

小説を書くために必要なパソコンの条件は、

一　日本語が書けること
二　インターネットに接続できること
三　プリントアウトできること

の三つです。

スマホでもタブレットでも書けます。ただし大量に文字入力をするので、スマホやタブレットで小説を書く場合には外付けのキーボードが必要です。

OSはウィンドウズでもマックでもどちらでも構いません。Linux や UNIX、Ubuntu あたりでも、自分で管理できればかまいません。

中古パソコンだと一万四千円ぐらいから、新品だと二万四千円ぐらいからありますが、そのランクで十分です。

プリンタは必須です。

近年、「プリンタは必要ですか？」と質問を受けることが多くなり、時代の差を感じるようになりました。

小説の新人賞に応募するには、数百枚単位のプリントアウトが必要になります。「コンビニでのプリントアウトサービスではダメですか？」という質問もよく受けます。ですが一枚十円のコンビニのプリントアウトサービスで数百枚の原稿をプリントアウトするよりも、プリンタのほうが安くすみます。

モノクロレーザープリンタなら一万円程度の機種があります。インクジェットだと本体がもっと安い機種がありますが、インク代が高い。

ちなみに、紙も大量に消費するので、プリントアウト用紙は箱買い（だいたい二千五百枚ぐらい）するといいでしょう。


バックアップはしっかりと。

パソコンはこの十年ほどの間に飛躍的に安定し、使いやすくなりました。ただし、それでも不意に不安定になります。パソコンは消耗品です。ある日突然動かなくなることがあります。

パソコン本体は交換できても、書いた原稿のデータがふっとぶと泣くに泣けません。

バックアップは、異なるメディアですくなくとも二つとりましょう。なぜなら、バックアップの作業中にトラブルがあると、元ファイルとバックアップ先の両方がやられるからです。

バックアップに必要なハードは、
一　外付けハードディスクドライブ

パソコンのシステムをまるごとバックアップすることにつかいます。「外付けハードディスク」で検索をかければいくらでも出てきます。一万円ぐらいの予算をみておけば十分でしょう。

二　USBメモリ

原稿のデータだけをいれるものです。外付けハードディスクだと、落雷でパソコン本体が壊れたとき、データも道連れになって一緒にぶっ壊れてしまうので、外して原稿だけを保護するためのものです。

四ギガで十分ですが、ぼくは三十二ギガバイトのものを使っています。USBメモリは消耗品で、ある日突然読み書きができなくなることがあります。一度そういう目に遭って以来、USBメモリは違うメーカーのものを二本同時に使っています。

バックアップをとるためには、

「自分の原稿ファイルがパソコンのどこに格納されているか」

を把握する必要があります。この程度は自力でなんとか調べましょう。

バックアップに際しては、無料でシンプルなバックアップソフトがたくさんあります。

「バックアップソフト　無料」で検索をかけてみるといいでしょう。

小説を書くためのパソコン・ソフト編　ワープロファイルとテキストファイル

ワープロソフトの Microsoft Word は必須です。

ワープロソフトとしては圧倒的なシェアをほこっており、原稿を応募用に整形するのには不可欠です。

ただ、互換ソフトがあれば、それでもかまいません。

Microsoft Word は高価ですし、新人賞の応募の原稿の体裁を整えるのにはあまり複雑なことは必要ではないので、あなたのパソコンにインストールされていなければ、互換ソフトで十分でしょう。

ウィンドウズだと WPS Office（旧・KINGSOFT Office）が安くて互換性が高い。マックだと OpenOffice があります。

Microsoft Word は日本語を扱うにはきわめて使いにくい。「一太郎のほうがいい」ということであれば、それでも構いません。

いずれにせよ、ワープロソフトを使う上で最も重要なことは次の五つ。

一　縦書きで印字する方法を学ぶこと
二　字数・行数で制御する方法を覚えること
三　四百字詰め原稿用紙換算ができること
四　フッターにノンブル（ページ番号）をふる方法を学ぶこと
五　字間・行間を制御する方法を覚えること

一の「縦書きで印字する方法を学ぶこと」は、当たり前のようにみえて実は盲点です。鈴木輝一郎小説講座では小説を書いたことのない受講生に、まずはじめに原稿用紙換算で五枚の原稿を書かせるんですが、かなりの割合で横書きの小説原稿を提出してきます。

二の「字数・行数で制御する方法を覚えること」について。

ほとんどすべての新人賞の募集要項には、

「一ページあたり何字×何行で何ページ、四百字詰め原稿用紙で何枚になるか明記すること」

と書いてあります。募集要項に沿った体裁でプリントアウトすることは、必須以前の問題ですね。
Word 2013の場合だと、「ページレイアウト」から「ページ設定」を開き、文字数と行数を指定します。これはワープロソフトやバージョンによって異なるので、自分のワープロソフトでたしかめてください。

三の「四百字詰め原稿用紙換算ができること」について。

ほとんどの新人賞の募集要項には「四百字詰め原稿用紙換算で何枚かを明記すること」と書いてあります。そのためのものです。

これには二つの方法があります。
一　Wordで表示される文字数を単純に四百字で割る方法
二　文字データを四百字詰め原稿用紙フォームに流し込んで枚数をチェックする方法
この二つの方法では、枚数が若干違ってきます。

四百字詰め原稿用紙で原稿の量をはかるのはずいぶんアナログなようですが、原稿の量をおおまかに知るためのものです。あくまでも目安ですので、どちらの方法をとっても構いません。

また、Wordの場合、四百字詰め原稿用紙換算のマクロを探して組み込むという方法もあります。これも検索すると出てきます。

四の「フッターにノンブル（ページ番号）をふる方法を学ぶこと」について。

当たり前ですね。Word 2013の場合だと表示される画面の端っこをクリックして「ヘッダー／フッター　ツール」を呼び出し、そこから「ページ番号」を選択します。ワープロソフトやバージョンによって方法が異なるので、ご自身で調べてください。

五の「字間・行間を制御する方法を覚えること」について。

日本語は縦書きでも横書きでも読めますが、これにはおおきな欠点があります。つまり、「字間と行間を同じにすると、脳が『この文書は縦書きなのか横書きなのか』混乱するためにきわめて読みにくくなる」ということです。原稿用紙フォームで書くと読みにくくなるのはそのためです。枠線をはずすともっと読みにくくなります。

原稿の書式は、面倒くさくても、ひとつ作って雛形《ひながた》にしておけば、いくらでも使いまわしがきくものなので、きちんと作っておきましょう。

割と誤解している人がいますが、小説を執筆するうえでは、パソコンの知識はさほど高度なものは必要ありません。

パソコンはあくまでも筆記具です。

逆にいうと「せめてこのぐらいの知識は持っておきなさい」ということでもあります。

第二章　ミステリーの書き方　ストーリー編

1　ミステリーの構造を理解しよう

ミステリーはストーリーが優先する文学です。

小説を構成するものは、おもに「人物造形」「ストーリー」「文章」「素材」です。

このうち「文章」と「素材（『取材』と言い換えてもかまいません）」は努力と経験でなんとかなります。

ただし「人物造形」と「ストーリー」は、比較的天性に左右されるものではあります。

「人物造形」は「キャラクター」と呼ぶことが多いかな？　基本的に人間観察の能力で差がでます。人間観察をするためにはそれなりに社交性が必要なのですが、そうした社会スキルがあれば、そもそも小説家を目指そうとはしませんわな。

ストーリーは訓練でそれなりに身につきます。一般の方は「紙媒体の」アマチュアの小説作品を目にする機会はほとんどないので（『小説家になろう』などのネット小説は別です）気が付きにくいかもしれませんが、プロとアマチュアとではストーリーの運び方におおきな実力の差があります。

脚本の場合、テレビシリーズなどでは回別に分業をすることがあります。なぜそれが可能かといえば、一定の訓練を積んでスキルが一定の水準に達していれば、一定の水準のストーリーづくりが可能になるからです。

ストーリーとキャラクターは競合することがしばしばある

キャラクターを組んで実際に書いてみると、あらかじめつくったストーリー通りにゆかないということが発生します。

ミステリーの場合、いちばんおこりやすいのは、「こんな理由で人を殺さない」といったところでしょうか。

小説は矛盾を嫌います。そこにリアルとリアリティのもっとも大きな違いがあります。

リアル（現実）はどんなことでもアリですが、フィクションでのリアリティは、矛盾が発生してはいけない、ということです。

一般文芸の場合、キャラクターの行動に矛盾が発生したら、キャラクターの行動を優先します。

ミステリーの場合は、ストーリーを優先させることがけっこうあります。殺人事件の動機などは特にそうです。

キャラクターとストーリーのどちらをどのぐらい優先させるかは個性に属することなので判断がむずかしいところではあります。

ミステリーのストーリーには一定のパターンがある

とはいえ、ミステリーのストーリーには一定のパターンがあります。第一章でふれた通り、

一　物語に目的があること
二　目的をはばむハードルがあること
三　最後に必ず物語の目的が達成されること

です。
では、このパターンにそってミステリーのストーリーの組み方をみてゆきましょう。

2 ミステリーの目的のつくりかた

ミステリーのストーリーには目的があります。ストーリーに目的が必要なこと、そしてストーリーの目的とテーマは別のものだという話はすでに書きました。

では、くわしくみてゆきましょう。

どこに物語のメインを置くのか決めましょう

どんな事件にするかによって、ストーリーの目的が違います。
大雑把にわけて、
一 殺人事件
二 殺人のおこらない事件（詐欺推理小説とか日常の謎ミステリーとか）
のふたつがあります。

殺人事件の物語にする場合、ストーリーの目的は「犯人さがし」

殺人事件の物語では、主たる登場人物は「被害者」「加害者」「探偵」の三人。個性的な探偵を置きたい場合には「物語の語り手」を加えて四人にすることもあります。『ホームズ』のシリーズのワトソンがこの例ですね。

ワトソン、すなわち「語り手」役を配置するいちばんのメリットは、謎をつくる場合に「事件の謎」に加え、「どうやって探偵が事件を解決するかという謎」という、謎の二重構造ができるからです。

もうひとつのメリットとして、「主人公の個性をきわだたせられる」ということがあります。

人間は自分を基準にして世界をみます。

あなたが誰かの靴についた泥をみてその人の職業をぴたぴた当てまくる特技があったとしても、あなたにとってはそれが当たり前のことで、他人に指摘されるまでは特技だと思わないはずです。

ホームズやポアロはちょっと変な人ですが、かれらは自分を変だと思っていない。変な人を描くには、「変ではない人」の目から描くことが大切です。

犯人が主役　倒叙ミステリー

殺人事件のストーリーの目的が「犯人さがし」ではないケースもあります。例としては「倒叙ミステリー」があります。

犯人側から描くミステリーです。犯人が事件を計画し、実行してゆきますが、その謎を探偵がくずしてゆくプロセスで読ませるタイプの物語です。

この場合のストーリーの目的は「犯人さがされ」になりますか。おかしな日本語ですが。よく知られているものにテレビドラマの『刑事コロンボ』シリーズや『古畑任三郎』シリーズなどがあります。

小説の古典としてはクロフツの『クロイドン発12時30分』があります。現在のところ電子書籍版が入手可能です。

殺人事件ではないミステリーで気をつけること

なぜ「殺人事件」「殺人のおこらない事件」にわけたか、説明しますね。

殺人事件の場合、「殺人は悪いこと」という前提条件がはっきりしていて、「犯人をみつける」というストーリーの目的が明快だからです。

殺人事件のおこらないミステリーを書く場合には、次の二つを読者にわかってもらうことが重要です。

一　その事件のどこが「悪い」ことなのか
二　その事件のどういう状態が「解決」なのか

実のところ「悪いこと」の定義は意外と難しいものです。

窃盗や詐欺などは被害者がいるので「被害者に損害を与えた」ということが「悪い」と説明できます。

ただ、贈収賄事件や売春、麻薬や覚醒剤の摂取などのように「被害者がいない犯罪」というものがあります。

政治家や公務員のワイロはなぜいけないのか――という以前に、「政治献金とワイロはどう違うのか」がわかりませんよね。これは政治家自身さえよくわかっていないケースがときどきあります。長年政治家にお金を渡していれば政治献金でセーフ、単発的にお金を渡すとワイロなのでアウト、ってのはなんだか釈然としませんが。

覚醒剤の摂取も、実は「被害者がいない犯罪」です。覚醒剤の依存症で判断力がふっとび、その結果、強盗や傷害などを引き起こすことはあります。覚醒剤の摂取そのものが「法律で禁じられているから悪い」という考えかたもありますが、本当は、「法律で禁止しなければならないほど深刻な二次被害をもたらすので、違法にしている」ので順番は逆ですけどね。

そのほか、殺人が出ない小説として有名なところではジェフリー・アーチャー『百万ドルをとり返せ!』(新潮文庫)などがあります。

トリックをメインにする　本格推理

トリックをメインにしたミステリーを「本格ミステリー」「本格推理」といいます。ここらへんは厳密に書くと若干ちがうのですが、ご容赦のほどを。

「ミステリーを書こう」というと「トリックが思いつかないので」と尻込みする人が必ず

います。ミステリーといえばトリック、というイメージがとても強いからですね。

もともとミステリー・推理小説というジャンルは、エドガー・アラン・ポーが書いた『モルグ街の殺人』からはじまった、とされています。密室で発生した殺人がうんたら、名探偵が出てきてかんたら、という推理小説の原型といえる作品ですね。

本格推理を書く場合、作品のストーリーの目的は「犯人さがし」です。基本的な構造はあるていど決まっています。

一　意表を突く殺人事件があり、
二　犯人または犯行方法を明らかにして、
三　犯人をつかまえる。

論理的なパズルを楽しむものであって、面白ければ登場人物はストーリーを動かすコマになってもかまいません。

本格推理のなかで発生する「殺人事件」とは、血の通う人間が殺されることではなく、「誰もがみとめ、解決が必要な事件」としての記号だというのが特徴です。

で何が言いたいかというと、

「トリックを必要とするのはミステリーのなかの一部のジャンルなので、ミステリーを書くのに必ずしもトリックは必要ではない」

ということです。

動機をメインにする　社会派推理

ストーリーの目的に「なぜそんな事件を起こしたか」を置く方法があります。

これは「ホワイダニット（why done it）」と呼ばれる手法です。

動機をメインにもってくる種類のもので、動機として「痴情」「嫉妬」「欲望」などがあります。ただし犯人の動機がメインとなる以上、人間を描くことが中心になってきます。

推理小説が一定の地位にある現代ではちょっと想像がつかないのですが、かつて「ミステリーは文学か否か」という議論が何度かなされたことがありました。

有名なところでは昭和二十五年に江戸川乱歩と木々高太郎との間に起こった「探偵小説

芸術論争」（注・当時は推理小説のことを探偵小説と呼んでいました）があります。「本格ミステリーはその作品の性格上、人間を描くことよりトリックが中心で、文学的とみなされなかった。ただ、ミステリーと文学とは矛盾しない。今後の天才の出現を待つ」といった趣旨の話です。

これは江戸川乱歩の「日本探偵小説の系譜」（『続・幻影城』光文社文庫所収）で原文を確認できますし、中川右介『江戸川乱歩と横溝正史』（集英社）で解説してあります。

推理小説（探偵小説）の社会的地位は低く、江戸川乱歩は主宰している雑誌「宝石」に、すでに他分野で名のある作家に探偵小説の執筆を依頼したりしています。

そんななか、社会の矛盾や人間の不条理を動機に置いた「社会派推理小説」が世に出てブームとなります。

松本清張『点と線』（文春文庫）や『ゼロの焦点』（新潮文庫）などがその代表ですね。また、水上勉『飢餓海峡』（新潮文庫）や『雁の寺』（文春文庫）といったものもあります。いずれも文庫、電子書籍で入手が可能です。

社会派推理小説を書く場合、テーマと「ストーリーの目的」が一致しがちになるのは避けられないところではあります。

ストーリーのスケールが大きくなるので、大量の取材や調査が必要になるというのが特徴でもあります。

メリットとしては、取材や調査で作品の出来が決まってくるので、才能の足りなさを努力でカバーすることが可能だというところかな。あと、目新しさが出しやすい（徹底的な取材をすれば、ですが）せいか、新人賞では比較的有利ではあります。

舞台背景をメインに 『ヴェニスの商人』

ミステリーを書く場合、「その作品で読者に何を伝えたいのか。魅力あるキャラクターか、二転三転するストーリーか、それとも情緒たっぷりの舞台背景なのか」を意識することが重要です。

そして舞台背景を書きたい場合には、その背景ならではのストーリーの目的があるのを意識して書くことが重要です。

シェイクスピア『ヴェニスの商人』（安西徹雄訳、光文社古典新訳文庫など）はミステリーとして語られることはありませんが、人肉法廷で知られる法廷ミステリーの傑作でもあります。

とはいえ、悪役であるシャイロックは、実は脇役のひとりにすぎません。全二十場のうちシャイロックの登場するのはわずかに五場のみ（『ヴェニスの商人』）。

つまり、『ヴェニスの商人』という物語は、「ヴェニスの商人の友情物語」がメインで、ストーリーの目的は、「悪徳金貸しをやっつけろ！」というものです。

喜劇なのでデフォルメしてありますが、シェイクスピアが『ヴェニスの商人』を書いた一五九六年は日本では戦国後期です。豊臣秀吉の時代で、スペインのサン＝フェリペ号が土佐に漂着した頃。

まだまだ貿易はリスクが高い商売であること、そして高いリターンのためなら好んでリスクをえらぶ、けっこうパンクでロックなヴェニスの商人たちのメンタリティと、そんなヴェニスの商人たちが強力な互助意識で結ばれていることを描くのが、この物語のメインです。

そのメインの物語を浮き立たせるための目的として、「悪徳金貸しであるシャイロックを叩き潰せ！」というものを設け、ストーリーをすすめていった、ということです。

現代の感覚でシャイロックを「悪徳金貸し」とするのはちょっと違和感がありますけど、はじめはそうだった、と考えてくださいな。

ちなみにシャイロックは当初、「狡猾《こうかつ》な道化役、ないしは復讐《ふくしゅう》の鬼としての悪役として演じられた」とのことで、一八一四年、エドマンド・キーンがシャイロックを悲劇の主人公に変え、さらに一八七九年、ヘンリー・アーヴィングによってシャイロックは迫害されたユダヤ民族を代表する悲劇的英雄として演じられたとのこと（『ヴェニスの商人』）。シャイロックの人物造形を深くつくってあること、そして、作劇法がまだ未発達だった時代の作品だったということ、なにより、小説ではなく戯曲なので、ストーリーの重心が小説とは若干ちがいますね。

シェイクスピアの戯曲では登場人物が多すぎてわかりにくい。舞台や映画になるとわかりやすくなります。二〇〇四年にアル・パチーノがシャイロックをやった映画版はＤＶＤでもオンデマンドでも観られます。

作品舞台をメインにもってくる場合、小説では殺人事件を次々起こすのは難しい。小説は漫画や映画などにくらべると、ストーリーの面白さよりも現実味を重んじられるという特性があります。

パトリシア・コーンウェル『検屍官』のシリーズは、当時珍しかった女性の検視官とその仕事場を舞台にした物語です。事件そのものよりも、登場する中年の刑事との男女間の友情に独特の雰囲気があって、いま読んでも古さを感じさせません。

山崎豊子『白い巨塔』（新潮文庫）をミステリーに入れるのは違和感があるかもしれません。ですが、これも広義のミステリーで、現在なら医療サスペンスに属する作品です。作品舞台は医療というよりは医局での権力闘争で、主人公の財前五郎が教授選を勝ち抜くのが作品の目的。それをはばむハードルがうんぬん、という話ですね。

どちらも現在でも新刊での入手が可能で、電子書籍も出ています。絶版の心配もないので、手にとってみるといいでしょう。


まとめてみましょう。

ミステリーを書くうえで重要なのは、次のふたつを明確にすることです。

「あなたはこの作品のなかで何を伝えたいのか」

「あなたの作品の物語のゴール・目的地はどこなのか」

自分の書いている作品が迷走している場合には、この二点をリストアップしてチェックしてみるとよかろうとおもいます。

3　ミステリーのハードルのつくりかた

ミステリーに謎はかならず必要です。では、ミステリーでいう「謎」とはなんでしょうか。

それは、

「主人公がストーリーの目的を達成するのを妨害するハードル」

のことです。

まあ、謎とハードルは同じようなものだと思ってください。

前節でミステリーの「ストーリーの目的のつくりかた」を解説しました。

ストーリーの目的はできましたか？　では、ストーリーの謎・ストーリーのハードルのつくりかたをみてゆきましょう。

誰にとって謎なのか？　誰にとってハードルなのか？

誤解している人がとても多いのですが、ミステリーの謎・ストーリーのハードルは、「読者にとって謎」なのではありません。「主人公にとって謎」「登場人物にとって、乗り越えるのが困難なハードル」です。

ハードルをつくるうえで大切なのは、「その登場人物が作品に登場するまでの人生で遭遇したことのない、もっとも困難なハードルであること」です。

ブルース・ウィリス主演の『ダイ・ハード』（第一作目です）では、ウィリス演じるジョン・マクレーンはニューヨーク市警の、ふつうの刑事でした。

別居中の妻に会いにロサンゼルスにきて、テロリストたちと遭遇し、あれこれあって、たったひとりで敵と戦うことになります。

ここでのストーリーの目的は「たったひとりで敵を倒すこと」で、ストーリーのハードルは「ジョン・マクレーンがニューヨーク市警で経験したことのない困難」です。ふつうの刑事だったら、ビルの中に閉じ込められ、妻子を人質にとられ、支援を受けられないまま敵を全滅させる経験は、することはありませんわな。

ジョン・マクレーンとは対照的な主人公としてハリー・キャラハンの例があります。クリント・イーストウッド主演の『ダーティハリー』でのキャラハン刑事は、サンフランシスコ市警の「Inspector（警視・サンフランシスコ市警では階級ではなく職域をあらわす）」です。刑事といっても捜査指揮をとる立場で、ジョン・マクレーンよりも権限はかなり強めです。

経験も豊富で行動はかなりあらっぽく、作品に登場した時点で「ダーティハリー」と呼ばれています。

その結果、ハリー・キャラハンは銀行強盗程度では動じません。ホットドッグを頬張《ほおば》りながら銀行強盗にひとりで立ち向かう有名なシーンがありますね。

ストーリーの目的が連続殺人犯・スコルピオの逮捕なのは明らかですね。本作でハリーの前にたちはだかるハードルは「刑事訴訟法」です。

アメリカの刑事訴訟法では「クリーンハンズの原則」が厳格に適用されています。つまり「違法な手段で得た証拠・自白は、裁判では証拠とみなされない」というものです。

スコルピオに人質をとられ、犯人逮捕に緊急を要したためにハリーはスコルピオを令状なしで家宅捜索して銃を押収し、拷問に近い方法で人質の居場所を自白させます。けれども、いずれも違法であつめたために証拠として認められず、スコルピオは釈放されてしまいます。

ハリーは刑事の経験が豊富なようなのに証拠のイロハも知らないのか、とか、スコルピオはせっかく釈放されたのにわざわざ自滅の道にまっしぐらに進むこたぁなかろ、とか、いろいろツッコミどころはありますが、ツッコむことを忘れさせるのも名作のうち。

なんだか映画の話ばかり（しかも相当古い）していますが、映画はセオリーにのっとって作られているせいか、物語としてはシンプルで、解説がしやすいのでご容赦のほどを。

とても大切なことを。

主人公が作品に登場するまでのキャリアをきちんと作りこみましょう。

ミステリーは他の一般文芸にくらべるとキャラクターよりもストーリーが優先されますが、「ストーリーが優先する」といっても「キャラクターを考えなくていい」ということではありません。

作品に登場するまでの間、主人公はどんな人生をあゆんで、どんなキャリアを積んできたのか。何ができて、何ができないか、著者は把握することが大事です。

なぜならば、主人公にとって「困難ではないハードル」を著者が把握しておかなければ、「困難なハードル」を作りようがないからです。

また、「シリーズ化を考えてネタの出し惜しみをしない」ことも大切です。

書いているとどうしても主人公に肩入れし、主人公を危機に放り込むのをためらうことがけっこうあります。

もちろん、シリーズ化がうまくゆけば「そこそこぬるい話を読者が求める」ケースもあるのですが、本書はあくまでも新人賞を受賞する小説の書き方をお話ししています。

忘れがちですが、

「デビューできなければシリーズにはならない。デビューしてもヒットしなければ続編は書く場所がない」

のは鉄則です。

4　謎が作れないときには？　シーンの5W1Hを意識しよう

「どうしても謎が作れない」「謎という概念そのものがよくわからない」というケースはけっこうあります。

その場合には、「自分がシーンの5W1Hを意識しているか」を考えてみましょう。

小説を書く人のなかで「シーンという概念がよくわからない」というケースがけっこうあります。

シーンとは、場面のことです。

小説は「章」「節」などに分けられています。分け方はさまざまですが、なぜ章や節に分けるかというと、基本的には「シーンが変わるから」です。

小説も、映画や演劇と同様、ストーリーはシーンの組み合わせによってつくられます。

シーンごとに役割があり、シーンごとに役割の軽重が違います。

演劇や映画はもちろん、漫画の場合もシーンを把握していないとそもそも絵がつくれないので否応《いやおう》なくシーンを意識します。

一方、文字で表現する場合、作文やエッセイ、ブログ、ツイッターの書き込みなどでは、シーンの概念は必要ありません（本書でもそうですね）。

その延長で小説を書くと、シーンが理解できない、というわけです。

シーンは五つの要素からできている

まあ、小見出しの通りです。

when（いつ）そのシーンの時間は？
where（どこで）そのシーンの場所は？
who（誰が）そのシーンに誰と誰がいるのか？
what（何が）そのシーンで何が起こっているのか？
why（なぜ）そのシーンはなぜ必要なのか？
how（どのように）そのシーンはどうやって発生したか？

これに「done it（ダニット・〜が起こったか？）」を加えると謎ができます。

when done it　そのシーンはいつ起こったのか？
where done it　そのシーンはどこで起こったのか？
who done it　そのシーンは誰が起こしたのか？
what done it　そのシーンで何が起こったのか？
why done it　そのシーンはなぜ起きたのか？
how done it　そのシーンはどうやって起きたのか？

「いつ？」「どこで？」を考えればアリバイトリックになる

ミステリーの場合、「when done it」「where done it」は「そのとき犯人はどこにいたのか？」と言い換えてみましょう。「こいつ以外に犯人は考えられないけれど、同じ時間に別の場所にいた」というのが、いわゆる「アリバイ（現場不在証明）」です。

ちなみに「アリバイ（alibi）」はラテン語に由来する言葉で、世界共通です。

ついでにいうと、アリバイは日本の刑事訴訟法では犯罪事実の否認となるだけで、状況証拠の扱いになるとのこと。あと、公判前整理手続のときにアリバイを主張しないと証拠としてとりあげてもらえない、とのこと。「現場にいなかったのがわかっていても無罪じゃない」ってのはなんだか釈然としませんが。

現実の事件でのアリバイの扱いはこんな具合に無味乾燥なものですが、ミステリーの世界ではアリバイ崩しはひとつのジャンルになっていて、詳しく分類されています。

有栖川有栖氏の『マジックミラー』（講談社文庫）の七章とあとがきでアリバイトリックの詳細が解説されているので、そちらに目を通しておくといいでしょう。ミステリーとしては古典に属する作品で、電子書籍にもなっているので絶版の心配はありませんし、新刊書店のない地域に住んでいても入手が可能です。

「who done it（フーダニット）」は「そのシーンは誰が起こしたのか？」つまり、「誰が犯行を行ったか」というもの。殺人事件の場合なら犯人さがしですね。

そもそも、基本的には「犯人をさがす小説」がミステリーなので（倒叙ミステリーなどのような例外はありますが）この謎だけで長編を持たせるのは難しい。

ですので、「ハウダニット」「ホワイダニット」と組み合わせてストーリーをつくってゆくのが普通です。

「what done it（ホワットダニット）」つまり「そのシーンで何が起こったのか？」は、殺人事件を扱う場合はシンプルですね。「人が殺された」です。殺人の出てこないミステリーの場合は、「何が起こったのか」のほか、「何が問題なのか」を読者に示すことが大切です。

「why done it（ホワイダニット）」は「そのシーンはなぜ起きたのか？」と説明しましたが、もうちょっとミステリーっぽく書くと「犯人はなぜ殺したのか？」というものです。

江戸川乱歩の論争の話でも触れましたが、犯人の動機に焦点を置いたものです。

「誰が殺したか」「どうやって殺したか」という謎を論理的に説いてゆくのをメインに置いたミステリーを「本格推理」「本格ミステリー」といいますが、「犯人はなぜ殺したのか」をメインに置いたものは人間洞察がかかわってくるので、「ミステリー」「推理小説」という言葉ができる前から存在していました。

「ホワイダニット」は読者が納得できるような理由が必要

ホワイダニット、すなわち動機をメインに置く場合、

「読者が動機に納得できるような理由が必要」

です。

現実の犯罪や殺人事件は動機よりもむしろ個人の持ってうまれたものに左右されることが多く、「なんでこんな理由で人を殺すんだ?」ということが多い。ところがフィクションはそれでは通用しない。

「現実はどんなことでも起きるが、フィクションは読者の想像できる範囲でしか事件を起こせない」という鉄則があります。

殺人の動機でカミュは「太陽がまぶしかったから」と『異邦人』で表現しました。実際の犯罪の動機はほぼそれに近いものがありますが、それでは通用しない、ということです。

動機をメインにもってくる場合、そうしたフィクション固有の事情に注意することが大切です。

ミステリーは「ハウダニット」と「フーダニット」から始まった

「how done it（ハウダニット）」は「そのシーンはどうやって起きたのか?」と説明しましたが、「どうやって殺されたのか?」と書いたほうが馴染みがあるでしょう。「トリック」「プロット」といったほうがわかりやすいかな。

ミステリーはこの「ハウダニット」と「フーダニット」から始まったと言っても過言ではありません。

推理小説はエドガー・アラン・ポーの『モルグ街の殺人』から始まった、といわれることが多い。この『モルグ街の殺人』がそもそも密室殺人事件です。

ハウダニットは前述したフーダニットとともにミステリーを書くうえで最も重要な要素であるので、ありとあらゆるものが考え出され、整理・分類されています。

トリックとしては「密室」「アリバイ」「毒殺」「凶器」「死体遺棄」など、多岐にわたっています。

古いところでは前述の江戸川乱歩「類別トリック集成」（『続・幻影城』光文社文庫所収）があります。新しいものでは森瀬繚監修『ゲームシナリオのためのミステリ事典 知ってきたいトリック・セオリー・お約束110』(ソフトバンククリエイティブ)はミステリーを書くうえでは必読。

ハウダニット・フーダニットを解決することをメインにした「本格ミステリー」の書き手はこの種の分類が好きなようで、小説のなかでわざわざその種のミステリーやトリックの講義をしているものがいくつもあります。

有名なところではディクスン・カー『三つの棺』(ハヤカワ・ミステリ文庫)の中の「密室講義」でたんねんに解説されています。アリバイトリックとしては有栖川有栖氏の『マジックミラー』(講談社文庫)の七章とあとがきに細かく分類されたものが出ています。鯨統一郎さんの『ミステリアス学園』(光文社文庫)では「本格ミステリの定義」にはじまり、トリックやクローズド・サークルなどを小説仕立てで解説してあります。それぞれの作品には引用元がしめされているので、それらの原典に一通り目をとおしておくと、実作に役立ちます。

本格ミステリーを読んでいると、「お前らそんな解説をしているぐらいならとっとと犯人をつかまえろ」と思うことがけっこうありますが、それを言い出したら本格ミステリーそのものが成り立たなくなりますわな。そうした不満にホワイダニットを加え、動機に社会的な背景を組み込むことで松本清張らが生まれてきたという事情もあります。

ハウダニットについて、個々の要素そのものはほぼ出尽くしていると思ってください。本書でながながと説明するより、前掲の資料類に目を通したほうが早い。

ただ、アルファベットは二十六文字しかないのに無限の単語があるように、ハウダニットの要素そのものは出尽くしていても、それらを組み合わせることで無限のトリックやプロットが生まれる、ということです。

5　謎ができたらストーリーができる

だいたいこんな感じで謎やシーンをつくると、ストーリーはできてゆきます。

以前、この「かんたんミステリーの書き方」をツイッターでながしたところ、「アニマル推理モノ」を考えてくれた人がいました。

『朝起きたら、玄関の前でネズミが死んでいた。周りには犯人(?)と思われる足跡が残っている。』

(ザワシオ@金東P18a『かんたんミステリの書き方・アニマル推理編』https://togetter.com/li/977367)


面白いことを考える人がいるもんです。

さて、これで「what done it(ホワットダニット)」はきまりましたね。「ネズミが玄関前で死んでいた」です。

ツイートしてくださったかたはさらに、

『セオリー通りでいけば、ここで飼い犬と飼い猫とカラスと池の鯉辺りを登場させて、犯人はこの中にいる!的な展開をさせて、どう見ても猫が犯人と見せかけて、実は池の鯉が真犯人でした的な?』

と書いてくださいましたが、まさにその通りです。これで「玄関先ネズミ殺人事件」のプロットができましたね。

ここで登場する容疑者のなかで最も意外な犯人は「池の鯉」。

池のなかの鯉がどうやってネズミを殺して玄関先に放置したのか、方法を考えれば「how done it（ハウダニット）」になります。なんだかサルカニ合戦みたいだな。

ストーリーには一定の型があります。ストーリーの組み立ては技術に属することなので、構成の定石はあまり多くありません。

「ストーリー　類型」で検索をかけるとほぼ網羅されたものが出てくるので、そちらを参照するといいでしょう。

また、ブレイク・スナイダー『ＳＡＶＥ　ＴＨＥ　ＣＡＴの法則』（フィルムアート社）には「ブレイク・スナイダー・ビート・シート」と呼ばれるテンプレートが用意されています。これは購入しておくといいでしょう。

電子書籍版もあるので、地方に住んでいるかたも入手は容易です。

こうやって、どんな物語にするか類型を選び、前述のテンプレートと組み合わせてゆくと、全体のストーリーの流れはできてきます。

ストーリーの流れがだいたいできたら、次はストーリーをどうやったら効果的に展開できるかをみることが重要です。

では、ストーリーを効果的にみせる構成法をみてゆきましょう。

三幕法　起承転結と序破急とシド・フィールド

もっとも基本的な作劇法です。「設定」「対立」「解決」の三つのパートにわけ、それぞれのパートの転換時にはプロットポイントと呼ばれる、「次の場面へ転換させる出来事」を配置する方法です。

似たようなものは古今東西ありますね。

「起承転結（起承転合）」は十三世紀の中国の詩人・楊載が著した『詩法家数』という漢詩のテキストに出てきます。ぱっと見ると四部構成にみえますが、「起」「承」はともに「設定」なので、変則的な三幕法ですね。「変則的」というにはあまりにも普及しすぎていますが。

「序破急」という三部構成は日本のもので、もとは雅楽用語です。室町時代から能楽・連歌などに応用されるようになりました。

「物語を三部構成にすると面白い」というのは、技術というよりも人間の本能というか、生理的なもののようです。

同種のストーリー技術は欧米にもありましたが、一九七九年にアメリカの脚本家のシド・フィールドによって理論化されたものがよく知られています。

ストーリーを「設定」「対立」「解決」の三つから構成します。
「設定」では物語に出てくる人物や背景、事件を紹介します。
「対立」では物語の目的を達成するためのハードルとの対立や葛藤を描きます。
「解決」では物語を解決するところを描きます。

このままでは「引き」がないので、それぞれのパートにうつる前に登場人物たちが何らかのアクションをおこす「プロットポイント」を起きます。

三幕構成については、シド・フィールド『映画を書くためにあなたがしなくてはならないこと シド・フィールドの脚本術』（フィルムアート社 ISBN 978-4845909278）にくわしく書いてあるので、そちらに目を通していただくのが早い。これは電子書籍がなく、紙の書籍のみなので、ISBNコードをメモしてお近くの書店か書籍取り寄せ対応をしているコンビニで注文してください。


三幕構成を独学する方法として、「逆ハコ」という手段があります。

三幕構成の理論自体は抽象的なものです。

幸い、ハリウッド映画は一定のフォーマットにのっとって書かれることが多く、意識して観ていれば「設定」「対立」「解決」が具体的にどういった展開で進められているのかがわかります。

脚本を書く際には「ハコ書き」といって、ストーリーが決まった際にシーンのあらましを大雑把に組んでゆきます。

「逆ハコ」とは、出来上がった作品から「この作品はどんな構成なのか」をチェックしてプロットポイントや「設定」「対立」「解決」を学ぶ方法です。

逆ハコで学ぶ場合には、映画をＤＶＤで観ます。何度か繰り返し観て面白かった作品をチェックするのがいいでしょう。

筆記具を用意し、再生時に画面表示で上映時間を表示させます。「ここらへんが『設定』で、ここで場面転換して『対立』のパートに向かったな」とメモしてゆきます。

映画――前述の通り、特にハリウッド映画はかなり徹底的にフォーマットにのっとって作られているので、ストーリー構成を学ぶのには向いているでしょう。

このDVD映画逆ハコ学習法の教科書としては、柏田道夫『月刊ドラマ別冊　エンタテイメントの書き方3』(映人社)が具体的に映画と構成を詳しく解説しているので必読。ただ、必読の割に雑誌扱いで店頭での入手は難しいようです。地味に重版を重ねている模様で、amazonでは二〇一八年七月の時点では新刊在庫の入手が可能になっているので、お早目に。

人間の感動の種類はさまざまですが、生理的に共通するものはあります。

人間の耳は、周波数の整数倍の音を高さの違う同じ音だと認識するようにできています――と書くと難しい気がしますが、要するに「ド」の音の二倍の周波数の音がやっぱり「ド」に聞こえる、ということです。

この、まんなかのドと高いドが「同じ音だと聞こえる」のは人間の生理的なもので、万国共通のものです。

このまんなかのドと高いドの間の音を高低順に並べて整理したものを「音階」と呼びま

すが、この「音階」の分け方には文化の違いが出ます。

われわれがふだんピアノなどで使っている、一オクターブを十二音にわけて使う「平均律」は十八世紀ごろに西洋で実用化されたもの。ずっと以前からあるような気がしますけどね。


三幕法も、それに似たようなものですね。

シド・フィールドによって体系化されたのはごく最近ですが、それよりはるか以前から、人間は三幕のストーリー構成に感動するようにできている、ということです。

階層管理法

これは「三幕法」を長編小説に応用したものです。

意外と忘れられやすいのですが、映画はストーリーの構造的には短編小説です。比較的シンプルな三幕構造で、作品内時間は数時間から数週間以内にまとめてあります。

映画が小説と決定的に違うのは、美術やカメラワークなどによる画像情報が多いこと、衣装や小道具、何よりも俳優によってキャラクターの描き分けが徹底的に行われているために区別がしやすくて観客が混乱しにくく、小説よりもはるかに登場人物の数が多くてもみわけがつく、といったことがあります。

映画のストーリー技法はきわめてシステマチックですが、映画の三幕法がそのままでは小説づくりに応用できない理由は、そんなところにあります。


ということで「階層管理法」。

要するに「設定」「対立」「解決」の三幕構成を、階層で管理してゆこうというものです。パソコンでファイル管理をするとき、フォルダ管理をしますね？　それにちかいものだとおもってください。

まず全体を通しての大きな「設定」「対立」「解決」をつくり、それぞれのなかにさらに小さな「設定」「対立」「解決」をつくってゆきます。

「住所」を考えてみましょう。「県」という大きなフォルダのなかに「市町村」という小さなフォルダがいくつもあり、さらに「丁目」「番地」とフォルダが細分化されて整理されてゆきますね？

それと同じように、長編小説も大きなテーマ順に「部」「章」「節」「項」という階層にわかれ、それぞれに「設定」「対立」「解決」に枝分かれしてゆきます。

ちょっとこれだけでは抽象的すぎてわかりにくいので具体例をあげてゆきましょう。長編小説は作品構造的にテレビの連続ドラマシリーズに近いので、ドラマシリーズで。

ブライアン・クランストンが主演した『ブレイキング・バッド』をチェックしてみましょう。

長編の構成を学ぶにはとてもよい教材だろうとおもいます。

作品内容は典型的な長編で、「設定」「対立」「解決」がたんねんに階層管理されていて、しかも視聴が比較的容易な作品です。

六シーズン（アメリカ本国では五シーズン。日本ではシーズン五を二分割しています）のうち、エミー賞の作品賞が二度、主演男優賞四度、助演男優賞三度などなどの受賞歴を誇る名作で、ほとんどのDVDショップに置いてあります。

二〇〇八年から二〇一三年まで放送された古い作品ですが根強い人気があります。ネット配信で視聴することもできます。

通常、アメリカのテレビシリーズは（日本も、でしょうが）一話完結で、「シリーズの柱となるテーマ」はあるものの、視聴率によって継続の可否が決まります。

本作『ブレイキング・バッド』は途中で打ち切られることなくテーマを最後まで描くことができ、しかも視聴者数が最高になっても継続せずに終了した、という、比較的珍しいドラマでもあります。

『ブレイキング・バッド』の大きなテーマはタイトルの示すとおり、「悪にブレイクする・道を外れる」です。

あらすじとしては「平凡な高校の化学の教師が、自分の肺癌《はいがん》を知り、家族に資産を残すために覚醒剤の密造に手を染めたところ、悪の世界に目覚めて覚醒剤（メタンフェタミン・メス）の帝王となって破滅に突き進む」という物語です。

では、まず「おおきい項目」である「部」でみてゆきましょう。

第一部に相当するのがシーズン一、二です。すなわち「設定」です。

ここで物語は、合計二十話をかけて「主人公の高校教師が覚醒剤密造人の道を選ぶまで」という「設定」を展開します。

第二部に相当するのがシーズン三、四です。ここで合計二十六話をかけ、主人公の高校教師が「覚醒剤密造業者から、販売網を支配していた麻薬王を殺害してルートを乗っ取り、覚醒剤の帝王となるまで」です。「対立」は主人公の前にたちはだかる麻薬王ですね。「対立」であると同時に「発展」「展開」の要素もあります。

第三部に相当するのがシーズン五、六（ファイナル）です。合計十六話をかけ「主人公は密売ルートを独占したもののうまくゆかず、覚醒剤ビジネスを終息させようとするが破滅に向かう」という「解決」の部分です。

それぞれの「部」はさらに小さいパート、すなわち「章」に分割されます。

第一部に相当するシーズン一、二の二十話は「高校教師が覚醒剤密造人の道を選ぶまで」という「設定」ですが、このパートもさらに「設定」「対立」「解決」にわかれます。

第一部第一章の「設定」に相当するのがシーズン一の第一話から六話まで。これは文字どおり「設定」です。

主人公がニューメキシコ州アルバカーキで高校教師をしていること（where）、経済的に微妙な状況にあり、ガンで余命いくばくもなく、家族に財産を残す方法を探していること（why）、いまはしがない高校教師だが化学者としては優秀で覚醒剤を合成する知識と技術があること（how）、覚醒剤を合成する道具と販売ルートを持っている元教え子のジェシー・ピンクマンと出会うこと（who）などが提示されます。

そして何より、「平凡な中年の高校教師だった主人公が覚醒剤密造の世界に足を踏み入れる」という、「この作品全体で物語は何を伝えたいか（what）」を提示しています。

第一部第二章の「対立」は、シーズン一の第七話からシーズン二の第八話（通算第十五話）まで。

主人公は相棒の元教え子のルートでは目標とする額に達するのは難しいと判断し、「そこそこの規模」の売人の元締めに交渉をもちかけようとします。

ところがこの売人の元締め本人が薬物依存症でかなり壊れているのが判明し、対応に苦労しているときに元締めが麻薬取締官に射殺され、あらためて主人公は覚醒剤の直売の小商いから再出発します。

覚醒剤ビジネスの困難さと相棒であるジェシー・ピンクマンとの対立、その一方で、主人公の覚醒剤の小商いは成功してゆきます。

この「対立」はあくまでも「設定」の「部」のなかの「対立」なので、物語が発展してゆくためのものです。

つまり、「主人公のつくる覚醒剤はきわめて高品質で誰もが欲しくなるもの」「主人公とその相棒は、自分たちで大量にさばくだけの販売ルートを持っていないこと」などを提示するという役割も担っています。


第一部第三章の「解決」は、シーズン二の第九話（通算第十六話）からシーズン二の第十三話（通算第二十話）まで。主人公のガンが快方に向かい、覚醒剤ビジネスを続ける理由がなくなったかのように見えるのですが、相棒が麻薬密売の新勢力に巻き込まれたり、妻が出産したりして結局のところ多額の資金が必要となり、さらに大きな覚醒剤ビジネスをする必要が生まれます。

こう書くとぜんぜん「解決」になっていないようですが、主人公が覚醒剤ビジネスに手を染める動機となった「主人公のガン」が消滅したことで、「覚醒剤製造は、実は主人公の自己承認欲求のため」という理由が明確になってゆくわけですね。

こういう具合に、三幕構成にしたものをさらに小さく三幕構成にして階層管理してゆきます。

ハリウッド映画の場合、「設定」「対立」「解決」の割合は「一対二対一」とも言われますが、絶対的なものではありません。

小説にする場合にはそれぞれのテーマと階層にどのぐらいの枚数を使うか、おおまかに割り振ってプロットを組んでゆくと、自然とストーリーはできてゆきます。

ストーリーを組んでゆくには手堅い手法ですが、もちろん問題はあります。

まず第一に、とても基本的な技術だけに、この手法だけでは予選は通るかもしれないけれど、それ以上は難しいということ。

第二に、ストーリー優先となりがちなので、キャラクターが死んでしまいがちなこと（キャラクターの魅力が活かされない、という意味です）。

などがあげられます。

第三に、「テーマの大小」という概念を理解していないと使えない手法だということがあります。このテーマだと数百枚、このテーマだと数十枚、このテーマだと数枚を支えるのが精一杯、ということを理解することが重要です。

階層管理法は三幕法と同様、あくまでも基本的な技法だと割り切ること、また、はじめに立てたプロットにこだわりすぎると登場人物の行動が不自然になるので、はじめに組んだプロットにこだわらず、どんどん捨てて修正してゆくことが重要です。

大枠のストーリーが組めるので、結末を動かしにくい、ミステリーのようなジャンルでは便利ではあります。

その一方、着想がショボいと全体に小粒になってしまうという難点があります。

便利な技法は、身につけておくと便利ですが、技法はしょせん技法にすぎません。限界があることを忘れずに。

第三章　ミステリーの書き方　キャラクター編

ミステリーは基本的にキャラクターよりもストーリーが優先される種類の小説ですが、それでもキャラクターづくりは重要です。

身も蓋もない言い方をすると「キャラクターづくりに力をいれるほうが手っ取り早く予選を通るから」だと思ってください。

ぼくはツイッターで小説の書き方を投稿しているのですが、ストーリーについてはよく拡散される一方、キャラクターや登場人物についての話はほとんど拡散されることがありません。

小説を書こうという人は、ストーリーづくりには熱心ですが、人間——特に「自分以外の人間には無関心で興味がない」という傾向が顕著です。まあ、人間に興味があるようなタイプは、書斎にこもってシコシコパコパコと原稿は書いてないので当然っちゃ当然ですが。

1　キャラクターは「立てる」前に「考え」よう

小説の書き方本はいろいろありますし、漫画やラノベはキャラクターを重視するケースが多く、それらの教本などにも「魅力的なキャラクターのつくりかた」はたいてい掲載されています。

インターネットで検索をかけてもたくさん出てきますが、ぼくはネット上での「小説の書き方情報」というのはあまりおすすめはしません。なぜなら、本当に有用な書き方情報なら、その情報を書いた本人がとっくにデビューしているはずだからです。もちろん、有用なものもたくさんあるのは事実なので、「どんな実績のある人間が書いているのか」をチェックすることは大切です。

ともあれ、この種の小説の書き方本で決定的に欠けていることがあります。それは、「『ほとんどの小説家志望者は、キャラが立つ立たないという以前に、キャラクターのつくりかたそのものがよくわからない』ということを著者が理解していない」ところです。いわゆる「できないことがわからない」ですね。

実は、ほとんどのプロの小説家は、他人をみると無意識のうちにその履歴が一瞬で頭のなかでできあがります。

ぼくも自分でできるのでながらく登場人物の履歴書を作っていませんでした。講座で教えているとき、どうにも受講生の書いた登場人物の立ち上がりがおかしいので、試しにコンビニで売っている履歴書を埋めさせるようにしたら、面白いように予選を通るようになった。

あなたも、すでに書き上げた自分の作品について、後述する複式履歴書を埋めてみるとよかろうとおもいます。ほぼ真っ白になるはずです。

キャラクターづくりの「設定表」は埋めることができても、「履歴書」は埋められない。なぜか。設定表は「自分の書きたいことしか書かない」けれど、「履歴書」は「自分が教えたくないけれど他人がみればよくわかることも書かなければならない」からです。

くりかえします。

登場人物の履歴書をつくりましょう。「魅力的な人物をつくる」のは素質や経験などに左右されますが、人物をつくること、それ自体は「作業」に属するものなので、慣れてしまえば誰にでもできます。

2　複式履歴書法　登場人物をつくりこもう

前著『何がなんでも新人賞獲らせます！』で詳しく述べたので、本書ではおおまかな説明と、陥りやすいミスを中心に書いてゆきましょう。

複式履歴書法の基本的な考えかたは三つ。

一　登場人物は物語の進行につれて変化することと変化しないことからできている
二　登場人物は物語に登場する以前から存在していた
三　登場人物の人生にとって、その物語の重さは異なっている

そして複式履歴書法で書く履歴書は二つ。

一　履歴書Ａ　表１。ＪＩＳ規格の履歴書。物語の進行で変化しないことを書く。

二　履歴書B　表2。物語に登場する前のこと・登場して変化することを書く。

では、実際にやってみましょう。

鈴木輝一郎著の現代小説『ほどよく長生き死ぬまで元気遺産そこそこ遺書はしっかり』（小学館）を例にとりましょう。前著の履歴書では織田信長を例にとりましたが、歴史物だと履歴書と設定書の違いがわかりにくいもようですので。

二〇〇二年刊行の古い作品で、紙の本では絶版となっていますが、どこの電子書籍書店でも入手が可能です。ミステリーではありません、念のため。

物語の舞台は一九九九年。三十九歳の兼業小説家が、父・息子・祖父母らの同時多発介護に振り回される介護小説です。

ミステリーではないのでストーリーに明確な目標はありません。携帯電話が鳴るたびに親族の誰かが死んだり倒れたり集中治療室に入ったりするのを、主人公が笑い飛ばしてくぐり抜けるという、「プロセスで読ませる」タイプの作品です。

作品構造としては「主人公を危機に陥らせ、そこからどうやって脱出するかを楽しませる」というスタイルで、サスペンスやハードボイルドと同種のものだとおもってください。

履歴書Ａ　登場人物があなたの物語に「就職」するように書く

履歴書Ａでは主人公が物語に登場するまでの履歴を書きます。また、履歴書Ａの内容はストーリーが進んでも変化しないことを書きます。

注意事項は三つ。

一　ＪＩＳ規格の履歴書を使う
二　具体的事実を簡潔に書く
三　登場人物があなたの物語に「就職」するように書く

ＪＩＳ規格の履歴書を使うのは、「その人物を知るためのノウハウが凝縮された書式」だからです。

具体的事実を簡潔に書くのは、そのほうが人物の奥行きがでるからです。

三の「登場人物があなたの物語に『就職』するように書く」のはいちばん失敗するところです。ストーリーや設定事項を書き込んでしまうことで、かえって人物の奥行きを殺してしまいます。

表1が履歴書Aの記入例です。

履歴書Aは「ストーリーが進んでも変化しないことがら」をつくってゆきます。

主人公の学歴、職歴、取得済みの資格などは、ストーリーが進行しても変化することはありませんね？　そういうものを書いてゆきます。

主人公の名前は「咲塚浩一郎」ですが、ぼく自身をモデルにしているので、履歴書も実在のものを使っています。

作品の舞台は一九九九年です。履歴書は一九九九年時のものです。

写真は三十九歳当時のぼくのものを使っています。この当時、リアップをつかって頭髪を維持しています。仕事をする上ではハゲていたほうがメリットが大きいので現在は抜けるがままにハゲまくってます、ねんのため。

さて、記入を終えたところで、履歴書からキャラクターを読み込んでゆきましょう。

学歴のチェックは重要です。

学歴は学力だけではなく、家庭の経済状況なども反映します。

別表の咲塚が通った「岐阜県立大垣東高校」はこの当時、県内屈指の進学校でした。日本大学経済学部は、まあ、そんな悪い学校ではないけれど自慢できるほどの偏差値でもない。

ここから読めることは「そこそこの学力を持っている」ことと、「そこそこの大学でも東京に四年間下宿して通学させられる程度の経済力のある家庭で育った」ことです。

職歴のチェックも重要です。

正社員（この当時、派遣社員というものは普及していなかった）五年程度の在職で八回の異動はきわめて多い。また、所属も部長直属で課長や係長がいないことがおおい。

つまり、

「サラリーマンとしては『使えない』人材だった」「ただし遅刻や無断欠勤、備品の横領などの『証拠の残る』ミスはやらない」「そのためクビにできない」「引き取り手がいないので部長が渋々直接指導監督」「たらい回し人事で本人が辞めるのを待った」

年	月	免許・資格
1979	9	普通自動車免許
1987	1	宅地建物取引主任者試験合格
1987	1	行政書士試験合格
1988	6	電話級アマチュア無線技士試験合格
1988	9	乙種6類（消火器）消防設備士取得
1988	11	ガス溶接技能者取得
1988	11	アーク溶接技能者取得
1988	9	大型自動車免許
1997	9	八光流合気武道2段認可

志望動機

自己PR

通勤時間	扶養家族（配偶者を除く）	
約0時間00分	2人	
通勤経路	配偶者の有無	配偶者の扶養義務
○○駅⇒○○駅⇒○○駅	(有)・無	(有)・無

（表1・履歴書A）

履歴書

年　月　日（物語開始時点）

ふりがな	さきづか　こういちろう
氏　名	咲塚　浩一郎
生年月日	1960年7月24日　性別 (男)・女
ふりがな	○○○○　○○○○
現住所	〒○○○-○○○○ 岐阜県○○郡○○町
TEL	0000-00-0000
携帯電話	000-0000-0000
FAX	0000-00-0000

年	年齢	学歴・職歴（各別にまとめて書く）
1960	0	7月　岐阜県大垣市生まれ
1967	7	4月　大垣市立東小学校入学
1973	13	4月　大垣市立東中学校入学
1976	16	4月　岐阜県立大垣東高等学校入学
1979	19	4月　日本大学経済学部入学
1983	23	4月（株）タイトー入社　東京事業部　店舗開発担当
		6月　第2営業部　部長付営業管理担当
1984	24	4月　特機事業部 部長付新規事業企画担当
1985	25	4月　特機事業部 部長付ロボット事業担当
		9月　東京事業部　店長研修
1986	26	4月　東京事業部　部長付店舗開発担当
		6月　西東京事業所・カラオケセールス担当
		9月　荻窪営業所・店舗開発＆カラオケセールス担当
1987	27	6月　練馬営業所・顧客管理担当
		12月（株）タイトー退社
		12月　第26回オール讀物推理小説新人賞候補
1988	28	1月（株）鈴木コテ製作所入社
		12月　第27回オール讀物推理小説新人賞候補
1989	29	4月　山村正夫小説講座入学（講談社フェーマススクールズ）
1990	30	12月　第29回オール讀物推理小説新人賞候補
1991	31	3月　『情断！』（講談社）で小説家デビュー
1994	34	6月　結婚・推理作家協会賞受賞
1996	36	10月　長男誕生
1999	39	現在

という勤務状況を行間から読み取ることができます。このパーソナリティでも正社員になれたというのが、現代からは想像できないでしょうが、そういう時代でした。

「会社員として不適合」とひとことで片付けるよりも、こういった異動の事実を列記することで、主人公の勤務状態のほか、頭をかかえる上司、一緒に組むのを嫌がる同僚、辞表を出したときの周囲のマッテマシタといった空気が行間から読みとれます。


免許・資格の取得時期と、転職の時期、そして転職後、小説家と兼業状態になる時期を並行してチェックしてゆくと、主人公の性格もみえてきます。

一九八七年に宅地建物取引主任者（現在の宅地建物取引士）と行政書士を受験して合格しています。これはゲームコーナーの店舗開発に必要な資格で、合格を確認してから退社しています。「退路を確保してから退却する」という、慎重さと小心さを示しています。

一九八八年にこまごまとした資格を取得しまくっています。これは「勉強が好き」というよりも、家業の左官コテメーカーに就職したがかなりヒマを持て余していたこと、取得が比較的容易な資格ばかりだということから、「腰を据えた努力が苦手で、小さな成功体験に満足するタイプ」というのがわかりますね。

一九八九年に東京の小説学校に夜行バスで通学をはじめます。インターネットなどのない時代だったのと、岐阜や名古屋にはエンタテインメントを教える学校がなかった時代だから、という理由によるものです。

これはなんだか凄《すご》そうですが、「小説家になりたいという思い込みが激しい」「ただし再び上京を決断するだけの度胸がない小心者」だということが、ここからわかります。

履歴書Aから主人公の性格をざっくりと解説すると、「会社員としては使い物にならない」（詳述すると長くなるので、ネットで「使えない社員」で検索してください）「思い込みが激しいわりに退路を確保しないと冒険しない小心者」といった人物像が浮かびあがってきます。

これを単に「主人公はケツの穴の小さいヤツ」でひとことで片付けると、書かれていない部分の奥行きがないのがわかるでしょうか。

履歴書Aをつくってゆくうえで最もよくやる失敗としては、職歴欄のところを「職を転々とした」で済ませるケース。面倒くさくても、ひとつひとつ職歴をつくってゆきましょう。

いつ、どんな職を選んだかによって（あるいは、どういう具合に異動になったかで）、そのキャラクターが浮き彫りになってゆきます。

履歴書B　キャラクターは作品に登場する前から世界に存在していた

履歴書Bは「登場人物がストーリーが進むにつれて変化するもの」を書きます。学歴や職歴や取得済みの資格などはストーリーが進んでも変化しませんが、性格などはストーリーが進むにつれて変化する場合があります。

表2が履歴書Bの記入例です。

物語が始まる以前の登場人物の喜怒哀楽などの人生経験などを記入してゆきます。「短気」「思い込みが激しい」といった単語ではなく、具体的なエピソードで記入してください。

できるだけ一センテンスで短く書くことが重要です。ここらへんの理由は履歴書Aと同

（表２・履歴書Ｂ）

登場人物「咲塚浩一郎」についての設定事項	
注）物語が進行するにつれて変化する事柄をここに書く。	
※外見等	
	身長　168 cm
	体重　76 kg
	髪形　七三ストレート。リアップでハゲ予防中
	顔の特徴　美男。ただし品格に欠ける
	既往症　虫垂炎（過労になると再発）
	賞罰　1994 年第 47 回日本推理作家協会賞
※環境等	
	家族構成　妻、息子、犬
	恋人の有無　散発的に多数
	趣味　合気道（２段）
	嗜好（喫煙歴　飲酒歴）　パイプタバコ 20 年。飲酒時にブラックアウト
※性格	
	長所 短所 } ADHD、思い込みが激しい
※人生での喜怒哀楽	
	☆この人物が作品に登場するまでの人生でいちばん嬉しかったことはなんですか
	生まれて初めて書いた小説が新人賞の予選を通過したとき（25 歳）
	☆この人物が作品に登場するまでの人生でいちばん悲しかったことはなんですか
	大学時代に父方の祖父が亡くなったこと（肉親の死は初めて）
	☆この人物が作品に登場するまでの人生でいちばん怒ったことはなんですか
	２度目の新人賞候補で落選したとき受賞者がいなかったこと
	☆この人物が作品に登場するまでの人生でいちばん楽しかったことはなんですか
	推理作家協会賞を受賞したこと
	☆この人物が作品に登場するまでの人生でいちばん苦しかったことはなんですか
	３度目の新人賞の候補の結果を待っている時間
※登場人物の人生における作品の位置	
	☆この人物が作品に登場することは、それまでの人生でどんな位置にありますか
	他人に目を向けるのを学ぶこと
	☆この人物の、この作品での目的はどんなことですか
	老親を年齢順に見送ること
	☆この人物がこれからの人生で最も起こってほしくないことはどんなことですか
	携帯電話が鳴ること
	☆この人物がこれからの人生で最も起きてほしいことはどんなことですか
	明日の予定が立てられる日が来ること
☆その他	
	設定事項　どんなことでも

様、具体的に書いたほうが話がひろがるからです。

「人生での喜怒哀楽」の項目は重要です。

小説とは基本的に「主要な登場人物が、この物語に参加することで人生が変わる」ものです。

つまり、物語のなかで「喜怒哀楽のどれか、あるいはぜんぶを上回るイベントが起こる」ためには、それまでの喜怒哀楽を明確にしておく必要があります。

ありがちなミスとしては、この喜怒哀楽に「特になし」と書くケース。

重要なのは「それまでの人生でいちばん」だったことを書く。相対的なものです。

大切なことなので繰り返します。

登場人物は、あなたの物語に登場する以前から存在しています。

記入例を検証してみましょう。

表2の咲塚浩一郎の、作品に登場するまでの喜怒哀楽をチェックすると、大学時代に祖父が亡くなったことを除くと、すべて自分の小説に関することです。

ここからいえることは、

「主人公は作品に登場するまでの人生では、小説に関わることがもっとも重要」

「主人公の喜怒哀楽に家庭が登場していないことから、主人公は家庭に関心がない」

「主人公の喜怒哀楽に他人があまり関係していないことから、主人公は自分以外に興味がない」

といったことになります。


こうした「自分自身以外に関心がなく、小説以外に興味がない主人公」に、次々と家庭内災害を遭遇させてみると、物語が生まれてくる、ということです。

履歴書Bのなかで最も理解しにくいのが「登場人物の人生における作品の位置」の項目だろうとおもいます。

それぞれの登場人物にとって、作品のなかで起こる事件・イベントの、人生における重さは異なっています。

たとえば「事件現場を映している映像の後ろで、何気なく映っている通行人にも人生がある」といえばわかるでしょうか。

殺人事件の事件現場で、立ち入り禁止のテープの向こう側にいる野次馬たちは「野次馬」という人物ではありません。彼らひとりひとりに名前があり、人生があります。ただし、彼らにとって、目の前の殺人事件は「彼らの人生を左右するようなものではない」ということです。

ミステリーの場合——たとえば殺人事件の場合、そのことによって最も人生が変わるのは殺された被害者です。ただ、物語が始まる時点で死んでしまっているので登場のしようがありませんね?

その次に人生が変わる登場人物は被害者の家族です。「悲しみにくれる」のか、「これでコイツから解放される」と思うのかはさまざま。家族が殺されたとき、悲しむばかりじゃないのが人間の面白いところです。ともあれ、おおきく人生が変わることは確かです。

加害者の人生がどのぐらい変わるかは、著者の判断するところです。連続殺人鬼をだす場合に、その人物にとって最初に殺したのか、何人目に殺したのかで、犯人にとっての事件の重さは違ってきますね。

もちろん、物語のはじめの段階では「なんてことのない、ルーティンな殺人のひとつ」だったものが、物語が終わるころには「逮捕されることによって自分の人生が変わってしまう」大事件になる（場合もある）わけですが。

複式履歴書法でやらかしがちな失敗編

おおまかな記入のしかたと書き上げた履歴書のチェックのしかたはこんな具合です。そのほかの「ありがちな失敗」を列記してみましょう。

履歴書は登場人物の数だけつくってみましょう。

キャラを立てるうんぬんという以前に、とりあえず「全員の」登場人物の履歴をつくってみましょう。

もちろん、作品をつくるうえでは人物の濃淡があるのは当然です。ただし、濃淡があることを知るためには、濃淡の両方の経験がなければできない、ということです。

登場人物の履歴書がものすげえ量になったとき、まず疑いましょう。

なにを疑うか？　ほとんどコピペしているんじゃないか、ということを、です。

まったく登場人物の履歴書をつくったことのない人に「とりあえず全員の登場人物の履歴書をつくってみましょう」というと、反動でかなりの量の履歴書をつくることがあります。

このときに履歴書をチェックすると、「まんべんなく平均的」だということがほとんどです。同じ年齢、同じ学校、同じサークルであるところまではともかく、完全に同じ家庭環境にすると話が単調になります。

魅力ある登場人物をどうやってつくったらいいのか、わからない場合。

それは、自分で考えてください。ぼくはぼくなりの答えがあるんですが、ぼくが魅力的と感じるのと、あなたが魅力的と感じるのは別のものです。

ひとつのやりかたとしては、あなたが好きな小説の登場人物の履歴書をつくってみること、かな。「好きな作品だと思っていたのに、意外と深く読み込んでない」と気づくケースもけっこうあります。

3　どんなキャラクターをどこに配置するか

登場人物・キャラクターの履歴書はこんな感じでつくってゆきます。もちろん、主要な人物の数だけ必要です。

「主要な人物とは誰か？」という疑問が湧くとおもいます。作品の構造によっておおきく異なりますが、大雑把にわけて次の三人（三つのカテゴリー）にわけられます。

一　視点者
二　探偵
三　犯人

では、順にみてゆきましょう。

登場人物のカテゴリー　視点者

視点者とはなにか。

小説でいう「視点者」とは、「その作品を誰の目から観るか」というものです。『ホームズ』のシリーズでいうワトソンです。

視点者と人称の区別がつかないケースが多いのですが、別のものです。視点者とは「誰の目から見た物語か」を意味する、小説技法上のもの。人称とは動作主体をあらわす文法上のもので、人称代名詞の使い分けに現れるものです。

ミステリーを書く場合には「視点者」の概念は重要です。

ミステリーを書く際には謎の存在が重要なのですが、この謎とは「視点者が知らないことが物語の謎」になるからです。

『ホームズ』を例にとると、ワトソンにとって、「事件の謎」と「ホームズがどうやって解決しようとしているかがわからない謎」があるということですね。

たまたま『シャーロック・ホームズ』の物語の視点者のワトソンは「私」という一人称

で物語を進めていますが、小説技法上では「視点者が混乱していなければ」一人称でも三人称でもかまいません。

ミステリー・推理小説においての「視点」については、佐野洋『推理日記』（講談社）に詳述されています。目を通すことを強くお勧めします。何冊も刊行されているので通読に時間はかかりますが、考察がたんねんなのでわかりやすいでしょう。

視点者はその作品の「モラルの基準点」です。

人間は自分を基準にして物事を考えます。

シャーロック・ホームズや『名探偵モンク』のエイドリアン・モンクや『メンタリスト』のパトリック・ジェーンはかなり変人ですが、彼ら自身は生き方に不自由は感じていても自分が変人だとは思っていませんね？

彼らを変人だと思っているのは、読者・視聴者の代理である、ワトソンや世話役のストットルマイヤー警部やリズボン捜査官で、かれらはきわめて常識人です。

視点者がなぜ常識人かというと、視点者は読者の代理で作品に参加しているからで、普通の読者は自分を常識人だと考えているからです。

視点者を複数にしている場合があります。

これはミステリーに限らず、小説を書きなれていない人によくみかけます。筆力や取材が不足していて人物を掘り下げることができず、その結果、ストーリーを維持できなくなるので、視点者を増やして枚数を稼ぐ、ということです。

視点者を複数にすると「枚数が稼げる」といった現実的なメリットがあります。

また、「視点者の知らない情報」を読者に提示できるというメリットはあります。とはいえ、この「視点者の知らない情報を読者に伝えるメリット」は、「謎が消える（視点者がわからないからこそ謎になるんですね）」というデメリットと一緒についてきます。

視点者を複数にする場合、最も注意が必要なのは「視点者が異なる場合には、きちんと描き分ける」ことです。

視点者の描き分けができないと、誰の視点で描かれているのかわからなくなり、その結果、読者は作品に何が書いてあるのかわからなくなります。

実際に書きあげてみると、「視点者の描き分けができていない」ことすらわからないこともよくあります。

そういうときは複数の視点者の名前を「私」という一人称に一括置換してみましょう（もちろん、元ファイルではなく、チェック用にコピーしたファイルでやること）。

視点者の描き分けができていなければ、違う視点者でも物語が通用してしまうはずです。

視点者を描き分ける対処法としては、異なる視点者をできるだけ異なるキャラクターにすることもひとつの方法です。

ブルース・ウィリス『ダイ・ハード』ではビルの中で孤軍奮闘する刑事と、ビルの外から支援する制服警官と、だんだん追い詰められてゆく犯人という、おもに三つの視点から描かれています。主人公は白人でニューヨーク市警察の刑事、支援する制服警官は黒人のパトロール警官、犯人は元テロリストのドイツ人、という具合でしたね。

登場人物のカテゴリー　探偵

探偵とは、事件を解決する役割の人物・カテゴリーです。

日本の場合、探偵の仕事は調査と監視が主で、刑事事件を解決する権限はありません。

探偵とはミステリーのなかでの「役割」を示す名称だと思ってください。

事件解決を職業とする探偵は警察権のある職業です。日本ではあまり多くないかな？

警察権とは「公共の安全と秩序を維持するために一般統治権に基づいて国民に命令、強制し、その自然の自由を制限する作用として発動される公権力」（『法律用語辞典』有斐閣）のこと。

逮捕権のある職業としては、警察官、検察官（収賄事件などで名前があがる特捜部などが知られていますね）、海上保安官、麻薬取締官、刑務官、税関職員、入国警備官、一定の条件下での自衛隊員、などがあります。

民間人には逮捕権はもちろん、捜査権もありません。ただ、弁護士の場合は弁護士法にもとづく「弁護士会照会」という制度があり、戸籍や住民票を調べることはできます。

探偵役は「事件を解決しなければならない」理由を明確にすることが大切です。

書くときに忘れがちですが、探偵役として警察官を置く場合、物語のなかで警察官は「事件を解決しようがしまいが、警察官本人の人生は変わらない」という問題があります。

読者が感動する小説には熱気が必要ですが、「解決しなくても探偵役本人の人生には影響がない」となると読者としては感動するのが難しい。そんな具合で、探偵役に癖の強い人物をもってくることがけっこうあります。

探偵役と視点者を同じにする、という方法もあります。いわゆる「巻き込まれ型」と呼ばれるものです。視点者兼主人公が何らかの事件に巻き込まれ、そこから逃れるために主人公がみずから事件を解決する、というものです。

本書でよく例に出す『ダイ・ハード』が典型的な例ですね。

探偵役を犯人（正確には敵役です）にする方法もあります。この典型例は倒叙ミステリーですね。主人公が事件をおこし、それを解決してゆく敵役が探偵。これには『刑事コロンボ』などがありますね。

登場人物のカテゴリー　犯人・敵役

犯人・敵役をつくることが、ミステリーを書くうえで最も難しいことではないでしょうか。

犯人・敵役をつくるのが難しい理由はいくつかあります。

敵役・犯罪者のイメージをつくるのが難しい、ということはあります。ミステリーの中での犯罪者が現実の犯罪者と最もおおきくことなるのは、「こういう人（理由）なら法をおかしてもおかしくない」と読者が納得するような人物（理由）であること、です。

ところが、その前提となる「法をおかしても」の部分でつまずきます。そもそも犯罪者の知り合いがいないからイメージがわかないのがほとんどだろうとおもいます。

作品の登場人物の履歴書をチェックしてみましょう。「極悪人で自分の欲望を満たすためならどんなことでもやる」設定の悪役が、服役経験・前科どころか逮捕歴も任意の事情聴取もなかったりしていませんか？

ここらへんはネット記事などでイメージに近い犯罪者をさがし、成育歴や逮捕歴や服役状態などを履歴書に書き込んでゆきます。モデルが一人だけだとプライバシーの問題がかかわってくるので、何人かのモデルを組み合わせて別の人物をつくってください。

敵役に愛着がわいてしまって悪人にしきれない、という問題もけっこうあります。

登場人物は著者の子供みたいなもので、書いてみると愛着がわいてきます。そうすると敵役で悪人のはずなのに、悪事をさせるのをためらってしまう場合があります。自分の子にコンビニで万引きをそそのかすような気分でしょうか。

そういうときには、敵役・悪役の名前を、昔嫌がらせをしやがった上司や先輩、胸糞《むなくそ》の悪い同僚、糞生意気でたいした仕事もしてないくせにプライドばかりが高く先輩を立てる気がまったくなくて人を見下すのが大好きな部下などの名前にします。

そうすると、ああら不思議、敵役のする悪事は具体的かつ詳細に、糞生意気っぷりに磨きがかかってきます。そしてできるだけむごたらしく殺してやりましょう。とてもすっきりするはずです。

最後に、書き上げたら、敵役の名前を一括置換でまったく別の名前に変換します。

そうすると、次の作品でもむごたらしく殺してすっきりできるからです。

視点者や探偵はある程度キャラクターが確定しています。ジャンルの性格上、犯罪に手を染めたりするのは難しい（ないわけではない——というか、けっこうありますが）。

その一方、敵役・悪役は割と自由度が高い。「悪い人そうに見えるけど実はいい人」とか「いい人そうだけど根が悪人」とか「いい人なんだけど事情があっていまは悪人」とか「基本的にいい人なんだけど主人公に対してだけ悪人」など、いろんな設定が考えられます。

敵役・悪役の良否で、作品のすべてが決まってくる、と言ってしまっても言い過ぎではありません。

とにかく、敵役は大切に。

第四章　ミステリーの書き方　ルール編

小説は俳句や短歌にくらべて制約がすくなく、自由度が高い。あまり自由度が高すぎるとかえって「何をしたらいいかわからない」状態になって書きにくいのも事実ですね。ミステリー・推理小説には、読者に対する一応のルールはあります。実際にはルールというより「こう書くと確実に一定の水準の面白さは保証される」というガイドラインみたいなものです。

この種のルールを知っておくと「面白さの目安」は見当がついてくるので、学んでおくとミステリーが書きやすくなることは確かです。

有名なものとしてはヴァン・ダインが一九二八年に提唱した『ヴァン・ダインの二十則』とロナルド・ノックスが一九二八年に提唱した『ノックスの十戒』があります。

なにせ百年近く前に提唱されたものなので整理されていないのか、それとも切りのいい数字にするためか、どうでもいいような項目もけっこうあります。

わかりやすいので、『ノックスの十戒』でミステリーのルールを解説しますね。

1　ノックスの十戒　聖書のパロディ

ミステリーのルールでよく知られる『ノックスの十戒』は、聖書のパロディです。ぜんぶの項目を真に受けてはいけません。

『ノックスの十戒』はイギリス人の神父で作家のロナルド・ノックス（一八八八―一九五七）が編纂した「一九二八年度傑作探偵小説集」というアンソロジーの序文に書いたものです。

ノックスは英国国教会（日本では「聖公会」という会派です）の牧師を経てカトリックに改宗。ラテン語聖書の『ウルガタ聖書』の英語訳に尽力した人で『ノックス版聖書（The Knox Bible）』としていまでも刊行されています。著書は多いのですが、ほとんどがキリスト教と教義に関するエッセイや論文です。

日本では推理小説での功績ばかりがクローズアップされていますが、主たる業績は宗教家としてのものだというのを、まず念頭に置いてください。

『モーセの十戒』は旧約聖書のなかでモーセが神から与えられたとされる戒律で、キリスト教圏のモラルの根幹をなすものです。「殺すな」「姦淫するな」「盗むな」「偽証するな」「隣人の妻を欲するな」といった項目があります。

キリスト教圏では「誰でもなんとなく知っていて、なんとなく守らなきゃいけない共通ルール」です。

売春を例にとってみましょう。

日本では「当事者同士の合意のもとで行われて対価として金銭をやりとりする」単純売春は犯罪ではありません。違法行為ではありますが、罰則規定はありません。あなたは成人の（ここ重要）売春がなぜ悪いのか、説明できますか？

欧米では「基本的に犯罪」です。

「判断能力のある成人が互いの合意のもとに売買春をすることに被害者はいないのに、なぜ売春はいけないのか」というと、「神から命じられたルールに違反したから犯罪」という考え方だからです。

ノックスは聖職者らしく、ミステリーのルールを、誰でも知っている『モーセの十戒』になぞらえてわざわざ十条の戒律にしたてた、といったところでしょうか。

『ノックスの十戒』は江戸川乱歩が一九五一年に刊行した『幻影城』（光文社文庫・電子書籍版あり）で紹介したことで知られました。

江戸川乱歩の文章が残っているので、そのまま引用します。カッコ内は乱歩による注釈です。

一　犯人は小説の初めから登場している人物でなくてはならない。又、読者が疑うことのできないような人物が犯人であってはならない。（例、物語の記述者が犯人）

二　探偵方法に超自然力を用いてはならない。（例、神託、読心術など）

三　秘密の通路や秘密室を用いてはいけない。

四　科学上未確定の毒物や、非常にむつかしい（注・原文ママ）科学的説明を要する毒物を使ってはいけない。

五　中華人を登場せしめてはいけない。（西洋人には中華人はなんとなく超自然、超合理な感じを与えるからであろう）

六　偶然の発見や探偵の直感によって事件を解決してはいけない。

七　探偵自身が犯人であってはならない。

八　読者の知らない手掛かりによって解決してはいけない。

九　ワトソン役は彼自身の判断を全部読者に知らせるべきである。又、ワトソン役は一般読者よりごく僅《わず》か智力のにぶい人物がよろしい。

十　双生児や変装による二人一役は、予《あらかじ》め読者に双生児の存在を知らせ、又は変装者が役者などの前歴を持っていることを知らせた上でなくては、用いてはならない。

いまはネットで「knox's ten commandments」を検索すれば原文が出てきます。

2　ミステリーのルールのエッセンス

この『ノックスの十戒』の文意を整理すると、ほぼ次の三つに絞られます。

条文の最後の数は、対応する『ノックスの十戒』の戒律の番号です。

一　謎は冒頭で示す（一）
二　謎を解く鍵はあらかじめ読者にすべて提示する（三、四、七、八、十）
三　謎は合理的・論理的に解く（二、六、九）

五の「中華人を登場せしめてはいけない」は「何をするのかわからない異邦人を別の土地から導入する」といったニュアンスで語られることが多いのですが、むしろ「この十戒は『モーセの十戒』のパロディなので本気にしてはいけません」という、ノックスからのシグナルだとみるのが妥当なところでしょう。

こうして整理してみると、よくできたルールだといえます。

第一章でミステリーには次の三つの構造があると解説しました。

一　物語に目的があること（注・目的とテーマは異なる）
二　目的をはばむハードルがあること

三　最後に必ず物語の目的が達成されること

ミステリーのルールは、それをさらに踏み込んだものです。もっとも、ルールといっても「これにしたがって書くとある程度面白くなるガイド」と思うといいでしょう。

謎は冒頭で示す

ノックスの第一条で出てくる「犯人は小説の初めから登場している人物でなくてはならない」は、本書の第一章で述べた「物語に目的があること」をさらに深く掘り下げたものだとおもってください。

犯人が早い段階で登場しない場合には、できるだけ早く「この作品は最初に犯人が出るタイプの作品ではなく、出てこない犯人を探してゆくタイプの作品だよ」と読者に明らかにすることが大切です。

謎を解く鍵はあらかじめ読者にすべて提示する

ゲームのルールは基本的にすべて読者の前にしめしましょう、ということです。

「秘密の通路」とは「読者に見せていない通路」ということです。「科学上未確定の毒物」はつまり「読者に説明していない毒物」です。

「探偵自身を犯人」にする場合には、早い段階で「探偵も犯人の可能性がある」ことを読者に示すことが大切です。

「双生児や変装」は前もって読者にその可能性を伝えることが大切です。

要するに第八条の「読者の知らない手掛かりによって解決してはいけない」にすべて集約されると思ってください。


ミステリーにとって物語をはばむハードルがあることは重要です。ただしそのハードルは「読者に見える場所にあること」が大切だということです。

謎は合理的・論理的に解く

ミステリーは「最後に必ず物語の目的が達成されること」が構造のひとつでもあります。ただし「物語の目的の達成（つまり、事件が解決される）」までのプロセスを楽しませるというジャンルの特性上、約束事をつくっておくことが大切です。

「探偵方法に超自然力を用いてはならない」は、まあ、当たり前といえば当たり前ですね。
探偵「お前が犯人だ！」
犯人「どこにそんな証拠があるというんだ」
探偵「俺はお前の心が読めるんだ！」
——子供の喧嘩《けんか》だよ、これじゃ。

「偶然の発見や探偵の直感によって事件を解決してはいけない」
探偵「お前が犯人だ！」
犯人「どこにそんな証拠があるというんだ」
探偵「それは（そのとき天井から血のついたナイフが目の前に落ちてくる。探偵、ナイフを指さして）これが凶器だからだ！」
——無茶苦茶ですな。

探偵「お前が犯人だ！」

犯人「どこにそんな証拠があるというんだ」
探偵「それは、俺の直感だ！」
——だったら探偵は要りませんね。

普通の人間よりもはるかに鋭い直感を持つ探偵は、もちろん存在します。そもそも名探偵のはじまりであるシャーロック・ホームズがそうでした。ただ、直感が鋭いといっても「読者が納得するような論理を持ち、観察力がある」ことを明示するのが重要です。

3　ルールにこだわらない

ノックスと同様によく知られた『ヴァン・ダインの二十則』も（詳細はご自身で検索をかけて確かめてください）主旨は前述の三項目に整理されます。こちらも英語圏での扱いは意外と小さい。
ちなみにコナン・ドイルの『シャーロック・ホームズ』シリーズが発表されたのは一八

八七年から一九二七年の間。

ヴァン・ダインもノックスもホームズとほぼ同時代の人間なので、ルールを整理しきれていないということ、そして日本人と英語圏の人間の、ルールに対する考え方に決定的な違いがあるということがいえますか。

ようするに「ミステリーのルールは物語の面白さに奉仕するために存在する」ってことです。それ以上でもそれ以下でもありません。

読者に対してフェアでありさえすれば、どういうふうに書いても構いません。ミステリーは小説技術や取材力などが物を言うジャンルなので尻込みする人が多いのですが、あまり堅苦しく考えることはありません。

気楽に書いてみましょう。

第五章　ミステリーの書き方　ありがちな失敗編

いろんなケースや講義、講座などいろんなところで寄せられる質問や、小説家志望者のみなさんがつまずく箇所は、だいたいおなじです。

この章ではそれらのことをざっと解説してゆきましょう。

1　なぜ長編を書きあげられないか　どうすれば脱稿できるか

前著『何がなんでも新人賞獲らせます！』でもしつこく繰り返し書いていますが、プロでやってゆくためには「長編の執筆は必須」です。短編が書けなくてもプロでやってゆけますが、長編が書けなければプロとしてはやってゆけません。

そうはいっても、日常生活で原稿用紙換算で二百五十枚・十万文字を書くことはありません。「落選までにたどりつく」にはどうしたらいいか、よくある原因と対策をみてゆきましょう。

執筆時間がないときはどうするか

新人賞を受賞するために最も重要なものは、才能ではありません。「執筆する時間」「執筆する場所」「執筆するための安定的収入」の三つです。

このうち、わりあい工夫の余地があるのが「執筆時間をどうやってつくるか」です。

「執筆時間がない」にはいろんなケースがあります。

いちばんおおきな理由は、「やる気がおこらないから執筆時間をあとまわしにする」です。別に責めるつもりはありません。デビュー前の小説家志望者にとって「気が乗らないからあとまわし」は当然の行動です。

デビュー前のあなたにとって、新人賞に応募する小説の執筆とは、「一円にもならず」「誰かに読まれる可能性も限りなく低く」「どの程度の実力なのかもまるでわからず」「いつまで無駄な努力が続くのかわからない作業」です。

こうしてデビュー前の執筆環境をならべてみると、三百枚の原稿を、ただ埋めるだけでもかなりのモチベーションが必要なことがわかると思います。

とはいっても書きあげなければデビューはできません。

執筆以外の用件に追われている場合には、「執筆時間を最初に確保する」のがもっとも重要です。つまり小説家志望者にとって新人賞の応募作を執筆する時間は、「あとまわしにしても何も困らない時間」だからです。

一日の時間割を決めましょう。ここらへんは受験勉強と似ています。

仕事や通勤の時間は動かせないでしょうから、そこから執筆に振り分けられる時間を決めてゆきます。

SNSをしたりネットサーフィン——は死語になりましたね。リンクをたどってあちこちブラウズしてまわると、時間はあっという間に過ぎてゆきます。

ネットで潰している時間は、制限しましょう。

ぼくはキッチンタイマーを導入しました。「ネットで遊ぶ」と決めたらキッチンタイマーをオンにし、六十分経ったら鳴らす、という具合。

「キッチンタイマー執筆法」は、逃避行動の防止のほか、ふつうに原稿を執筆するときも、長時間同じ姿勢をとりすぎないための予防にも効果があります。

「執筆時間がない」には、「執筆時間をつくろうにも予定が立たない」というケースがあります。

病気がちな子供や認知症が入った老親がいたり、持病がある場合や、ある種の職業――救急医療や撮影直前の脚本家などのように突発的・緊急の用件が入るものは、なかなか予定が立てにくいものですし、執筆時間も確保しにくい。

これはもう、「隙間《すきま》時間にちょこまか書く」しか方法はありません。時間は「ある」ものではなく「つくる」ものです。

長編小説は原稿用紙換算で三百枚あれば年に一本、新人賞への応募作が書ける。つまり、毎日十六行とちょっと書けば一年で書き上がる。

一日十回トイレに行ったとして、一回の用足しで携帯かスマホで一行半書いて自分のパソコン宛にメールをすれば、一年で書き上がる計算になります。

もちろん、著者本人が病気療養中だったり入院していると執筆するのは困難ではありま す。

もしそうでなければ——とにかく、いますぐ百円玉を三枚にぎりしめ、ボールペンとリングメモを買ってきて、目の前の一行を書きすすめましょう。

トリックが思いつかないから書けないときはどうするか

これはミステリーを書こうという人に固有の問題です。「ミステリーに挑戦しようとおもうんですが、トリックが思いつかないので書けません」という相談をよく受けます。

これまで書いてきたとおり、ミステリーを書く上ではトリックは必須ではありません。「あると面白い」という程度のものだとおもってください。

何も思いつかない場合には前述の、

森瀬繚監修『ゲームシナリオのためのミステリー事典』

江戸川乱歩「類別トリック集成」(『続・幻影城』所収)

などのトリック集を広げ、登場人物にそったトリックをアレンジすればいいでしょう。

あたりまえですが、トリックは一箇所から持ってこないこと。単なるパクリになってしまいます。

トリックではなく、ストーリー上やキャラクター上の謎をつくることが、ミステリーを書くうえでは不可欠です。

謎に行き詰まったときには、あらためて登場人物の履歴書を読み返してみましょう。あなたの作った登場人物にとって、物語上で謎となるのはどんなことでしょうか。もし謎が思いつかない場合には、あなたの作った登場人物の「謎と感じないもの・出来事・行動は何か」をあらためてチェックしましょう。

忘れがちですが、殺人担当の刑事や警察官よりも、救急救命室の医師や葬儀社の社員のほうが、不審死や死体と接する機会が多い。誰にとってどんなことが謎なのか。

「行き詰まったら、キャラクターにたずねよ」

ってのは鉄則です。

実は自分の実力を確認したくない

まさかと思うかもしれませんが、「自覚していないだけで、実は自分の実力を確認したくないから小説原稿が進まない」というケースは、けっこうあります。

デビュー前は、筆力と自信は反比例の関係にあります。

書きあげたことのない人ほど、自信に満ちています。なぜ自信に満ちているのか？　自信に根拠がないからです。根拠のない自信は妄想と同じで、妄想には限界がないからです。

とても忘れがちなことですが、デビュー前のあなたには、実力も筆力もありません。

小説家志望者に固有の問題として、かなりの割合で「自分にはプロとしての実力がすでに備わっていると、執筆前から考えている」ということがあります。

もちろん、小説の場合、一作目からいきなり爆発的にヒットする例はあります。古いところでは夏目漱石『吾輩は猫である』だとか石原慎太郎『太陽の季節』とか。それゆえにとても勘違いしやすい。

だからしつこくいいます。デビュー前のあなたには、実力も筆力もありません。原稿が存在していない限り、あなたは小説家として鈴木輝一郎の足元にも及んでいません。書き上げて新人賞に応募したら、半年後に天地がひっくりかえることはありえますが、いまは違います。

登場人物の履歴書をつくり、プロットを組み、入念な取材をし、応募先を決め、執筆計画をたて、執筆時間と執筆場所と執筆のための安定した収入を確保した状態で、ぴたりと筆がとまったら、深呼吸して、三回となえてみましょう。「自分には実力がない」と。そして、三回となえてみましょう。「作品が下手くそで死んだヤツはいない」と。

規定枚数に達する前にストーリーが終わってしまった

よくある話です。新人賞の応募規定枚数に達する前に物語が終わってしまうというものです。

考えられる原因はいくつかあります。

短編ばかり書いていた人が長編に執筆の重心を移したときにこういうことがよく起こります。ぼくもやりました。ぼくはデビュー前に短編は三十本ほど書いたのですが、長編は二本しか書いていませんでした。デビューしてからけっこう苦労した記憶があります。

短編と長編とでは、作品の構造や作品の設計思想が根本的に異なります。

短編小説には長編小説のような「遊び」の部分をつくる余裕はありません。長編小説で短編小説のようなきつきつの作りをすると、読むほうは疲れてしまいます。また、短編小説はアイデアで勝負する部分が大きいのですが、長編はアイデアだけでは間が持たないですし、長編を支えきれるだけのおおきなアイデアはちっとやそっとで浮かばない、ということがあります。

もしあなたが「短編小説を書きたい」という思いよりも「プロデビューしたい」という思いを優先するのであれば、一本か二本、短編小説を書きあげることができたら、さっさと長編小説の執筆に移行することをおすすめします。

長編の「尺」に慣れることが、対策のひとつです。

また、そのほかに考えられる原因として、

「準備不足で書くことがなくなってしまった」

ということもよくあります。

当たり前の話ですが、書くことがなければ書くことはできません。

この場合の当座の対策は「とりあえず埋めて投函《とうかん》する」ことしかありません。スタートでしくじった場合、途中で軌道修正してごちゃごちゃと玉砕するよりも、肚《はら》をくくって書き上げて玉砕し、原因を点検して次回に活かすほうが筆力がつきます。

「規定枚数は三百枚から五百枚までとなっている。三百枚書き上げた。この場合、五百枚まで増やしたほうが有利だろうか」という質問もよく受けます。

答えはノーです。

三百枚で完結する物語は、三百枚で完結するだけの理由があります。強引に引き伸ばしても、有利にはなりません。

さっさと投函して作品の反省をし、次の作品にとりかかりましょう。

書いても書いても終わらない　別の意味で準備不足

前項とは逆に、「書いても書いても書きたいところまでたどりつけずに締め切りがきて話が終わらない」というケースもけっこうあります。

これは前項の「原稿が埋められない」ことよりも始末がわるいです。

つまり「次々と物語をつむぎ出せる私って凄い」と自分に酔ってしまい、ひとの話を聞かなくなるからです。

「書いても書いても話が展開してゆかない」場合の対症療法としては、「締め切りが近づいてきて募集要項で決められた枚数を満たしていたら、さっさとプリントアウトして投函する」

ことです。これも間違いなく予選落ちをします。なぜか。「こんなにすらすら書ける自分は凄い」という錯覚におちいっているからです。

では、なぜ「すらすら書けているのが錯覚」なのか。

それは、意外かもしれませんが「準備不足」によるものです。

準備が万全でなく、登場人物を作り込まないままなのに原稿がどんどん進む場合、あなたに才能があるわけでも、主人公や物語がサクサク進んでいるわけでもありません。ましてやプロがよく言う「キャラクターが勝手に動いてくれる」わけでもありません。

準備不足なために、どんな世界で、どんな登場人物で、物語が始まるためにどんな舞台が必要なのか、そういった設定事項を列記しているだけです。

この症状は「自己診断」が難しい。なぜなら「書けているから」です。なまじ枚数がすすみ、締め切りに余裕があるとみえるだけに、「小説としての水準をクリアしていない」ことに気づきにくいのです。

自己診断する方法として「梗概《こうがい》を書いてみる」という方法があります。

梗概を書くことで、

「自分はこの作品で何を書き、読者に何を伝えたいのか、そしてこの物語がどこに向かっているのか」

を明確にすることができます。

作品の全体像がみえてくると、物語がどこから始まるのか、そしてどこまでが設定事項なのかがみえてきます。

とても大切なことですが、小説とは一代記ではありません。その登場人物が、それまでの人生を一変させるような事件を扱うものです。主人公が産湯《うぶゆ》をつかったところから書いてはいませんか？

「梗概を書くのが苦手」というひとがけっこういます。なぜ梗概が書けないのか？　それは、自分が何を書きたくて何を伝えたいのか、著者自身が把握していないからです。

もちろん、一般文芸の場合、「梗概では表現できないものを伝えたい」ケースはあります。作品の舞台の雰囲気を伝えたい、とか、ストーリーよりも文章のリズムで読者を酔わせるタイプの作品は、梗概を書くのが難しいのは事実です。

ただし、本書で解説しているのは「新人賞をとれるミステリーの書き方」です。ミステリーの場合、自分が何を伝えたいのか、著者自身が把握しているのは必須だとおもってください。

作品の出来が悪いので書き続けるのが苦痛

長編が書き上がらない最もおおきな理由はこれだとおもいます。

「プロットをつくっているときは名作だと思ったのに、いざ書いてみるとぜんぜんダメ」「書いているうちにだんだん自己嫌悪に」「書いているうちにあまりにもひどいので投げ捨てたくなる」などなど、いいかたはさまざまですが、結局のところはおなじ。自分の下手さにいやけがさした、ということです。


なぜそう思うのか？

あなたの作品が、客観的にみて読むに堪《た》えない下手くそだからです。


これまで何度となく書いてきましたが、しつこくくりかえし何度でも書きます。

デビュー前のあなたの小説は、下手です。

キーボードを叩いた瞬間に名作が書けるようなら、あなたはこんな小説の書き方本なぞ読んでいないで、ちゃちゃっと書いてとっくにデビューしているはずです。

なぜしつこく「あなたの作品は下手くそだ」というのか？

下手は恥じゃないからです。


長編を書きはじめて、自分のあまりの下手くそさ加減に頭をかかえたら、まずおのれに問いかけましょう。

誰の、どの作品にくらべて下手なのか？

ここで「どの作品にくらべて下手なのか、よくわからない」という場合は、問題はちょっと深刻です。

自分はどうなりたいのか、どんな作品を書きたいのか、どんな作家になりたいのか、目標を持つことは大切です。つまり、目標がなければ、「自分がどのぐらい下手なのかがわからず、その結果、何からはじめていいのかわからない」からです。

もっとも重要なのは、「直すのは書き上げてから」ということです。

なぜかというと、書いている途中で何度も直すと、ラストまでたどりつけないからです。断言します。

「作品は、書き上げなければ、まったく腕はあがらない」

とりあえず最後まで書き上げていれば、どこが悪くて、何を直せばいいのか、どんな長所があってどうやって伸ばせばいいのか、見当はつきます。

「自分の作品が駄作すぎて嫌」とおもう場合、「自分の実力の根拠」にもとづいているので、腕はあがっていく、ということです。

こういうときの脱出法はシンプルです。

「なんとかなる、なんとかなる、なんとかなる」と三回声にだしてとなえ、えいやっと最後まで書ききることです。

2　なぜ予選を通過できないのか

書き上げて投函できましたか？　締め切りまでに長編を書き上げて投函するのは、かなり高いハードルです。

二〇一七年度の鈴木輝一郎小説講座の受講生はおおむね九十五人から百十人の間を推移しました（随時受講なので毎月変動があります）。

このうち、長編を脱稿して投稿にたどりついたのは、三十八人（作品数は百二作）。予選通過者は三十三人（延べ人数。厳密には、三十三作・二十三人です）。

なぜこんな細かい数字をならべるかというと、

「長編を書き上げれば何とかなる。書き上げた五人のうち三人は予選を通過する。三作書けば一作は予選を通るようになる」

ということになるからです。予選通過に才能や運は関係ありません。

自分の実力を正面から見据えよう

執筆をしているとき——特に初めて長編を書くときには、精神的にハイとどん底を激しく行き来します。

この流れに例外はありません。

一　執筆前は気分は巨匠
二　着手してはじめのうちはすらすら書けるので舞い上がる
三　行き詰まるので読み返す
四　自分の下手さ加減に気づいて書くのをやめたくなる
五　我慢して書き続ける
六　書き上げて周囲をみると、自分のまわりには誰も長編を書いている人がいない！
七　「自分は凄い！」と舞い上がる

八　予選落ちして落ち込む

ラストの「予選落ちして」が「二次まで残って」というバリエーションもありますが、「生まれて初めて書いた作品がいきなり受賞またはデビュー」という例は、ないとおもってください（ないわけではない）。

この、「予選落ちして落ち込む」がけっこうくせものです。つまり、「予選落ちはしたけど、自分はそんなにひどくない（と思いたい）」というケースが意外と多いからです。

前述のとおり、原稿用紙換算で三百枚をこえる作品を書きあげる人は、あなたの周囲にいないとおもいます。

応募者全員が三百枚を書いているのですが、周囲にそんな人がいないために実感がつかめず、脱稿して投函すると自分を過大評価しがちです。

多くのひとは賞の傾向と対策には熱心ですが、自分の実力には無頓着だということがあります。ありがちな失敗を点検してみましょう。

日本語がおかしい　国語力は落とし穴

生まれて初めて書いた作品は――というか、予選落ちをする作品は、

「何が書いてあるのか、わからない」

というケースがほとんどです。下手とか玉砕とかそんなレベルではありません。そう書くとがっかりするかもしれませんが、初めての作品は「箸にも棒にも」以前なのがあたりまえです。別にあなたの作品だけではないので安心してください。


ここで「何が書いてあるのか、わからない」という理由で真っ先にあげられるのが、

「日本語がおかしい」ということです。

第一章でも触れましたが、しつこく書きます。

新人賞に応募して予選落ちをしたら、

「まず自分の日本語力を疑え」

は鉄則です。

原稿を最後まで書きあげたら、プリントアウトして（ここ重要。原始的な手法が効果をしめすことがけっこうあります）赤ペンを片手に、原稿を声に出して（ここが最も重要。音読は目と声と耳で同時にチェックするからです）読んでみましょう。「?」という箇所がたくさんでてくるはずです。

大切なのは、「文章のうまいへた」ではなく「日本語として通じないところをチェックする」ことです。

主語と述語が対応しているか、修飾語と被修飾語が対応しているか、複文を入れ子構造にした結果、主部と述部がごちゃごちゃになっていないか。まあここらへんがよくあることです。名詞の「話」と動詞「話す」の連用形「話し」の区別がつかないこともけっこうあります。

あと重要なのは作品の冒頭からではなく、最終章からチェックすることです。

なぜなら、冒頭はまだ小説的体力があるからそれなりに書けるけれど、終盤になってくると息切れして日本語がぐちゃぐちゃになり、日本語の基礎力がモロに出るからです。

これで、あなたの作品の日本語の、おかしなところが必ず見つかります。

もし見つからなければ「見つけるだけの国語力がない」と解釈してください。

何十作も書いているならともかく、生まれて初めて書きあげた作品で、しかも予選落ちした作品ならば、日本語のおかしなところが、ないはずがないからです。


日本語がおかしいと気づいたら、読解力もチェックしましょう。

『くもんの中学基礎がため100％　中3国語　読解編』（くもん出版）がお勧めです。現代文だけではなく、中学卒業程度の古文や漢文は日常生活でも必要なので、解いておくことが重要です。「立ち入るべからず」ってのは文語ですわな。

中三国語で正解率が九割を切ったら中学三年生程度の国語読解力がないということなので、中学二年生の問題集にレベルダウンしてください。

「小説家を目指す自分が、中学卒業程度の国語力もないのか」と愕然《がくぜん》とするかもしれませんが、失望することはありません。

国語力はしょせん道具なので、リカバリが可能です。

持たなくてもいいプライドにこだわるあまり国語力を修正せずに放置すると、その結果、小説の書き方本に何が書いてあるのか、「理解できないということを理解できない」といった事態にもおちいります。

何を伝えたいかがわからない

「何が書いてあるのか、わからない」理由のひとつに、「著者が何も考えていない」ことがあります。

著者が何も考えていなければ、読者には何も考えさせられません。読者に何も伝えたいことがないなら、読者には何も伝わりません。

予選落ちしている場合、

「『何を伝えたいのか自分でもよくわかっていない』ことがわからない」

という、ややこしいことがけっこうあります。

「何を伝えたいのか自分でもよくわかっていない」ことに気づくのがまず第一です。

そのためには、応募時に書きあげた梗概を、あらためて点検してみましょう。

梗概をさらに短くまとめてみましょう。

具体的には、

「この作品のポイントは何か、一センテンスで述べましょう。また、キャッチコピーを二十字以内でつくってみましょう」

ということです。

ここで注意しなくてはならないのは、

「キャッチコピーを具体的に書く」

ことです。

世界中のすべての小説は六文字に要約できます。

「人生いろいろ」

笑いごとではありません。

あなたの作品のキャッチコピーを点検するとき、「人生いろいろ」に近くなっていませんか？

「具体的に書く」とは、「使い回しができない」ということです。

たとえば、

「親に見はなされた少年が、苦難の末に天下の主となる！」

と書くとなんだか具体的っぽくてかっこいいので錯覚をおこしそうになります。

でも、冷静に考えましょう。このキャッチフレーズは、織田信長・豊臣秀吉・徳川家康の、どの場合でもあてはまりますね。

これが「具体的ではない」ということです。


さて、そうしたことを踏まえて、ご自身の作品をあらためてチェックしてください。

あなたは、この作品で何を書きたかったのか――というか、そもそも、書きたいことがあったかどうか、たしかめてみましょう。

物語がどこに向かっているのか、わからない

これも「何が書いてあるのか、わからない」の理由のひとつ。ほかの理由とちょっと違うのは、これがミステリー固有の問題というところでしょうか。

一般文芸で、作品の雰囲気や文章で読ませるタイプの場合には特に問題にならないので

すが、ミステリーの場合は、

「どんな事件が起こったのか。どんな状態が『解決』なのか。物語がどこに向かっているのか」

ということを著者自身が把握していないと、何が書いてあるのかがわからない状態になります。

殺人事件なら最初に死体を転がします。ハードボイルドなら主人公が殴られて倒れるとかなんとか――そこらへんは自分で考えてください。

チェックする方法として、やはり書き上げた梗概を見直すのがいいでしょう。
一　プリントアウトした梗概で、「事件」「ストーリーの目的」「解決」の箇所にマーカーを引いてみましょう
二　梗概でマーカーを引いた箇所がどの位置にあり、本文では何ページ進んだところにあるのか、チェックしましょう
三　そして、そこにいたるまで、何を書いたか、チェックしましょう

チェックした場所を、よくみましょう。内容ではなく、「作品全体のなかでどこに出しているか」をチェックしましょう。

おおくの場合、殺人をおかす前の、設定事項や犯人の心理の説明などに紙数を割いています。

そうでなければ、キャラクターの設定事項について、枚数をえんえんと費やして、事件がなかなか起こらないというのもよくあります。

そして予選落ちする作品で最も多くあるのが、前述の通り、「物語でどんな事件が起こり、物語がどこに向かっているのか、著者もよくわからずに書いている」というケースです。これは、梗概をチェックしていると判明しますね。

書かれていないことをつくっていない

予選落ちの原因である、「何が書いてあるのか、わからない」のうちで、もっとも多くて、もっとも自覚しにくい理由が、「作品に、書かれていないことをつくっていない」ということでしょう。

状態としては、「国語力のテストをやってみたがほぼ満点」「登場人物の履歴書はつくった」「梗概を点検してみたが、いちおう起承転結はある」「キャッチコピーがそれなりに書き上がる」などの基本的なことをやっているのに、「それでも予選に何度も落ちる」というケースです。やることをやっているので、原因がつかみにくいのだと思います。

こういうときに考えられるのが、「書かれていないことをつくっていない」ということです。

小説は書かれていることと、書かれていないことからできています。

われわれが読者としてふだん小説を読むとき、無意識のうちに行間を読み、書かれていない情報をくみとっています。

ところが書く側にまわると「行間を読んでいた自分」を忘れてしまいます。

これはわかりにくいので、例をあげてみましょう。

たとえばシーンの行間をつくっていないケース。

オペラ歌手を主人公にしてホールで歌い、観客を熱中させたとしましょう。

ありがちなのは、

「彼女の歌声に、満席の観客が熱狂した」

と書いて済ませてしまうことです。

ですが、このとき、どのぐらいの大きさのホールで、どんな演目の、どんなシーンの、どんな箇所で、観客はどのような姿で熱狂したのか、説明できますか?

著者自身がそのホールを頭のなかで思い浮かべていなければ、読者には伝わりません。


たとえば人物の行間をつくっていないケース。

これは登場人物の履歴書をつくればかなりカバーできるのですが、履歴書に書かれていない、性格の部分をつくっていない場合があります。

自己診断法としては、性格のところで「せっかちでせこい」「頑固でものごとに熱中するタイプ」と設定したら、具体的なエピソードを書き出してみるといいでしょう。

具体的にせっかちなエピソードが思いつきますか?

思いつかなければ、それは作り込み不足です。

視点者がやたらに多い　視点者の描き分けができていない

これはミステリー固有の事情です。ミステリーは特に視点者について厳格にいわれるようになりました。

前述しましたが、視点者と人称は別のものです。混同したり違いがわからないことが多いので、しつこく確認します。

「人称」とは文法の用語です。

「ある動作の主体が話し手・聞き手・第三者のいずれであるかの区別をいい、それぞれ第一人称・第二人称・第三人称と呼ぶ」（日本国語大辞典）

「私」「あなた」といった人称代名詞の使い分けに反映されるだけのものです。

「視点」は本来は「物を見たり考えたりする立場。観点」（日本国語大辞典）のことを指します。
ただし、小説技法としては「誰の目から描くか」を指します。「視点者」ということもあります。

ミステリー小説では視点者について、やかましく言われます。ミステリーを書くうえで「謎」の存在は不可欠ですが、「誰にとって謎か」を問われるのがミステリーだからです。犯人の視点から物語を書いて「犯人は誰だ！」という物語は成り立ちませんわな。

よくある失敗として、
「ストーリーの展開にしたがって次々と視点者をかえた結果、謎がなくなって、ストーリーが平板になってしまう」
ことがあります。

視点者が多いかの判別法としては、原稿をプリントアウトして、センテンスやパラグラフごとの主語をチェックし、視点者を書き出してみるといいでしょう。

あなたが書き上げて予選落ちした作品で、視点者は何人いますか？

また、同一のセンテンスやパラグラフのなかで、複数の視点者が混在していませんか？

「誰の目から書かれた物語なのか」がわからないと、読者が混乱します。

そして「視点者が知らないはずの情報」が同じパラグラフやセンテンスのなかにありませんか？

「視点者の描き分けができていない」のは、多視点で書く人がかならずやる失敗です。

どういう作品状態かというと、「登場人物の属性（年齢とか職業とか）が違うのにもかかわらず、それぞれの視点者のメンタリティが同じ」というものです。人物の属性が異なれば、目の前に起こった事件に対しての反応も違うはずなんですが。

視点者の描き分けができないことのいちばんの問題点は、「結局のところ、著者のひとりごとをえんえんと聞かされることになって、ストーリーが平板になる」というところです。

視点者の描き分けができているかどうかの判別法は難しい。自覚できないことも多いとおもいます。

ひとつの方法として、それぞれの視点者の主語を「私（またはどれかの視点者）」に置換し、視点をそろえてみることです。

それでストーリーが成り立つ場合、「視点者に違いはない」と判断し、「視点者の描き分けができていない」ということができます。

可能な限り視点者の数は減らしましょう。二人でも描き分けるのはかなり難しい。できれば一人にすると、すっきりします。「私（または視点者）」が知らないことは、すべて謎になるので、ミステリーとして作りやすくなります。

読書量が不足している

予選落ちを続けている場合、「理由はよくわからないけれど、作品全体がなんとなく沈下というか全滅という印象があって小説の形になっていない」という例がけっこうあります。

こういうケースでは、著者に、好きな作家や好きな小説をたずねてみると、たいてい答えられません。圧倒的に読書量が不足しているんですね。

「どのぐらい読めば小説が書けるのか」ということに正解がないので、読書量の不足は自覚しにくい問題です。

ひとつの目安として、

「あなたの好きな小説家・好きな小説を即座に答えられるか」

をチェックするとわかります。

目標にする作品を定めることの大切さは前節で述べたとおり、自分に何が足りないかを確認するためにも重要です。

この、目標にする作品は、かならずしもミステリーでなくても構いません。

ぼく自身は司馬遼太郎と吉行淳之介と曾野綾子におおきく影響をうけました。その結果、謎解きやトリックを中心とする本格ミステリーよりも、人間を描くことを優先したミステリーを書くことになってゆきました。

いずれにせよ、小説で感動した経験がなければ、小説で人を感動させることはできないことは確かです。

本を読みましょう。特に、小説を。

3　なぜ最終選考に残らないのか

ながらく「予選通過に運のはいる余地はほとんどないが、最終選考に残るかどうかは運と才能次第」とおもっていました。

ですが、最近は考えをあらためました。

「運や才能に左右されないわけではないが、努力のしめる割合が意外と大きい」

ということです。

一般公募の新人賞の場合、応募作から百作程度が予選を通過します（例外は電撃小説大賞で、この賞は例年五千作程度の応募があり、そこから六百作程度が一次予選を通過、二百作程度が二次予選を通過します）。

最終選考に残るのはこのうち四作から五作。つまり最終に残るのは百分の五、二十分の

一、というのが平均的な数字です。

ですが、鈴木輝一郎小説講座で様子をみてみると、

二〇一五年度は予選通過者二十四人中、最終選考に残ったのは六人
二〇一六年度は予選通過者二十五人中、最終選考に残ったのは四人
二〇一七年度は予選通過者三十三人中、最終選考に残ったのは六人

こうしてコンスタントに数字が出ると、偶然と考えるのは難しいですね。

数字を正確に把握しているので鈴木輝一郎小説講座の例をあげていますが、東京の山村正夫記念小説講座や大阪の創作サポートセンター、東北の池上冬樹講座など、毎年のように受賞者を出している講座が現実に存在しているので、「ただの偶然」「運次第」で片付けるのは無理があります。

では、最終選考に残る人と残らない人ではどこが違うのか、みてゆきましょう。

過去作品のリストをつくって見直してみよう

やはり重要なのは自分の実力を正面から見直すことです。作品を何本も書き上げているでしょうか。「なかなか最終選考までたどりつけない」場合、作品を何本も書き上げているでしょうから、書き上げた作品のリストをつくりましょう。

作品の投稿年・月、投稿先、投稿結果を、時系列順に列記してゆきます。

だいたい三通りのパターンになるとおもいます。

一　予選落ちと一次予選や二次予選や三次予選を行ったり来たりする
二　最初または何作目かで何度か最終選考またはその直前まで残るが、その後、じりじりと結果がさがってくる
三　書けば予選は必ず通るが、その先に進まない。二次または三次どまり

「予選落ちと一次予選や二次予選や三次予選を行ったり来たりする」という場合には、筆力がついていないとおもってください。前節の「なぜ予選を通過できないのか」に戻って、やりなおしてみましょう。

ごくまれに（いや、実はけっこうな割合で発生するのですが）、予選落ちした作品を別

の賞に応募しなおしたら受賞する、ということがあります。

これは「構成などの基本的なところはできていないが、それを補ってあまりある個性があるので、予選では弱いが最終に残ると強い」というケースです。「個性が強烈すぎて予選で落ちる」ということです。

予選の段階では一人の予選委員しか目を通さないので、強烈な個性を見落とす可能性はあります。

ですが、あなたが予選を「何度も」行ったり来たりを繰り返している場合、何人もの予選委員があなたの「個性」をチェックしています。何人もの予選委員がスルーする「個性」とは、すくなくとも「強烈」ではありません。

くりかえします。

予選を通過したりしなかったり、という水準の結果であれば、基本を忠実に固めることからやってゆきましょう。

「最初または何作目かで何度か最終選考またはその直前まで残るが、その後、じりじりと結果がさがってくる」

というケースもよくみかけます。

デビュー前、独学で書いているときは、執筆の結果が放物線を描くのをよくみかけます。何作か書くうちにだんだん腕があがって予選を通るようになり、最終に何度か残ったけれど、それ以降、じりじりと結果が落ちてくるというケース。

あと、初めて書いた作品が最終まで残ったけれど、そのあとじりじりと結果が下がってくる、というケース。

この理由はわりとはっきりしています。

そのひとつは、

「筆力の残高が底をついたため」

です。前節の「読書量が不足している」と、ほぼ同じ理由だとおもってください。理由は同じでも、もとの筆力の残高が「万年予選落ち」の人より高かった、という程度です。

もうひとつは、

「一発芸には限界がある」

ということ。

最終やその一歩手前ぐらいまで残る（要するに編集部の部内回覧あつかいになって、最終の五本に残すかどうか討議されるレベルです）のは凄いように思えます。けれども、ちょっと考えましょう。

新人賞の予選では構成や描写、着想、オリジナリティなどをチェックされます。実のところ、これらの要素が均等だと印象が薄い。どれかが突出していると印象に残りやすく、一度ぐらいは最終に残る。ただし、しょせん一発芸です。

本当に「凄い」のなら、その一発でデビューしているはずです。身も蓋もない言い方をすると、要するに「それなりに凄いが、プロとして通用するほどではない」程度の状態で、もっとはっきり言ってしまうと「それなりに凄いところ以外はアウト」ということです。

ですので、こちらもおさらいをしてみましょう。

「日本語をチェックする」「あらすじを書いて読ませどころや構成をチェックする」「キャッチコピーを作って伝えたいことを把握する」「登場人物の履歴書を作って人物を作れているかどうかをチェックする」などなど。

「いまさらそんな初心者みたいなことができるか」と思っているそこのあなた。大切なことを忘れています。

「小説の初心者」とは新人賞を受賞した人のことです。

「書けば予選は必ず通るが、その先に進まない。二次または三次どまり」という例がいちばん多いかな。いわゆる「万年予選通過者」というやつです。

どこも悪くない、自分でもどこが悪いのかがよくわからない、書けば必ず予選を通るのだからそれなりに小説の形ができていると思うのに、なぜか最終に残らない、という状態です。

この水準の突破はけっこう難しいので、要素を順にチェックしてゆきましょう。

自己模倣におちいっていないか

書いて投稿すればとりあえず必ず予選に通る、という水準の人でよくあるのが、「自分の過去作品を真似《まね》ること」です。「いままで書いてきたやり方・自分の型をトレースしている」といったほうがいいかな?

この水準に達した人は、「こうすればすくなくとも必ず予選は通る」というノウハウができあがっています。「こういうアイデアをもとに、こういうキャラクターで、こういうストーリー運びで、こういう構成で書いてゆくと予選は通る」のを知っているわけです。

問題は、このノウハウが「新人賞の予選を通過する程度のノウハウ」でしかないこと、そして、「確実に予選を通る方法がわかってしまっていると、予選落ちが怖くて自分のノウハウを捨てられなくなってしまう」ところにあります。

自己模倣《もほう》とは、自分を真似ることです。

予選をやっとこさ通るだけの自分のやりかたを真似ても、永久に「予選をやっとこさ通るだけ」なので、自己模倣をしても意味がありません。

自分が何度も何度も何度も予選を通りつづけ、そして最終選考に残れなかった場合、まず、自分に問うてください。

自分で自分を真似ていないか。

予選落ちを恐れるあまり、変化を恐れていないか。

変化することは進歩することではありませんが、変化しなければ進歩することはできません。

先行作品をチェックしよう

類似の先行作品は必ず存在します。一人の人間の想像力には限りがあり、蓄積された人間の想像力は無限です。

予選をやっと通っただけのあなたの作品は、その先行作品よりも劣るか、よくて同じぐらいのものだとおもってください。

ミステリーの場合、「密室　小説」「アリバイ　小説」などで検索をかけると、ものすごい量の先行作品が出てくるはずです。

ミステリーは小説の市場規模としては圧倒的なので、大雑把なカテゴリー分けだとけっこうたいへんだとおもいます。

たとえば「外界との人の往来ができない環境のなかで発生する事件」という、広い意味での密室を「クローズド・サークル」といいます。あなたの作品がもしこの「クローズド・サークル」に分類されるようなら、「クローズド・サークル　小説」で検索をかけてみましょう。名作と呼ばれる作品がいくつもリストアップされるので、目を通しておきましょう。

道具立てをミステリーのジャンルのなかだけで済ませていないか

昔から漫画家志望者がよく言われるのは「漫画だけを読んでいては漫画家になれない」ということ。それと似たような現象が小説にもある、ってことです。いまは「ライトノベルだけを読んでもライトノベルは書けない」ということが多いかな？

ミステリーを書いてなかなか予選が通らない、という水準の場合、「ミステリーだけを読んでミステリーを書いていないか」というセルフチェックが必要です。

小説を書き上げるには、いろんな要素があります。テーマ、キャラクターのほかに「道具立て（トピック）」があります。

「ライトノベルだけを読んでもライトノベルは書けない」とは、「作品の道具立て（トピック）をライトノベル内だけで済ませる」という状態のことです。

この「道具立て（トピック）」とはどんなものかわかりにくいので、説明してみましょう。

表3～5は小説投稿サイト『カクヨム』（https://kakuyomu.jp/）の週間ランキング・二〇一八年六月十五日付のページをテキストデータ化し、頻出単語をランキングにしたものです。ジャンルは「異世界ファンタジー」「現代ファンタジー」「ミステリー」の三つ。当該ページをPDF化してテキストデータに変換し、さらにテキストマイニングソフト『KH Coder』（http://khcoder.net/）を使って頻出単語上位百五十を抽出しました。

タイトルと作品のヘッダー部分を抜き出してあります。抜き出したデータの性格上、「年」「月」「更新」「連載」などが上位にきます。また、レギュレーション表示で「残酷描写有り」「暴力描写有り」「性描写有り」などと表示されているものがある場合には「描写」と「有り」を別の単語と認識するので、「描写」「有る」が上位に来ます。

こう書くとなんか難しそうですが、「タイトルとキャッチコピーとあらすじには、こんな単語がたくさん使われています」ってことです。

異世界ファンタジーの頻出語をみてみましょう。ベスト百作のうち、およそ七十パーセントの作品で「転生」「魔法」が、六十パーセントの作品で「残酷」「暴力」「主人公」が使われています。かなり集中して使われている単語ですね。

（表３・異世界ファンタジー頻出語）

抽出語	出現回数
世界	228
描写	160
有る	156
年	115
月	111
連載	108
話	107
更新	103
文字	100
転生	75
魔法	70
残酷	61
暴力	60
主人公	57
小説	52
最強	39
ファンタジー	38
性	36
勇者	36
召喚	34
剣	29
転移	29
ハーレム	26
書籍	26
冒険	26
探す	25
ファンタジー	24
猫	23
魔王	22
持つ	21
ジョン	20
ダン	20
神	20
男	20
ランキング	19
魔	19
公式	18
ライト	17
管理	17
週間	16
人生	16
ベル	15
検索	15
作品	15
少年	15
発売	15
ページ	14
マイ	14
ユーザー	14
魔法使い	14

抽出語	出現回数
神様	12
面白い	12
英雄	11
学園	11
物語	11
ゲーム	10
強い	10
死ぬ	10
少女	10
成	10
生活	10
赤	10
読む	10
能力	10
娘	10
スる	9
スキル	9
ステータス	9
ライフ	9
現代	9
七野	9
女	9
魔物	9
目	9
恋愛	9
シリアス	8
学校	8
見る	8
言う	8
国	8
済	8
人間	8
前世	8
知る	8
仲間	8
迷宮	8
里	8
クラス	7
巻	7
完結	7
記憶	7
貴族	7
好き	7
行く	7
最新	7
歳	7
作る	7
使う	7
出る	7
小鳥	7

抽出語	出現回数
心	7
存在	7
知識	7
導	7
妹	7
エルフ	6
ク	6
クズ	6
ダーク	6
悪役	6
異	6
育成	6
影	6
介護	6
回	6
回復	6
帰る	6
経営	6
呼ぶ	6
今	6
思う	6
自由	6
手	6
助ける	6
新着	6
戦記	6
内政	6
美少女	6
魔術	6
魔力	6
無双	6
貰う	6
料理	6
良い	6
力	6
令嬢	6
コメディ	5
コンテスト	5
シリーズ	5
ハイ	5
バトル	5
パーティ	5
ヒロイン	5
リー	5
王	5
可愛い	5
巻き込む	5
気づく	5
仕事	5
死亡	5

（表４・現代ファンタジー頻出語）

抽出語	出現回数
話	107
年	106
月	105
文字	101
更新	100
描写	81
有る	81
世界	78
連載	77
小説	54
魔法	51
現代	46
完結	40
ファンタジー	39
済	38
暴力	35
残酷	32
コメディ	27
擬人	27
少女	27
能力	27
ライト	23
作品	21
主人公	21
探す	21
バトル	19
魔王	19
ランキング	18
書籍	17
日常	17
ベル	16
ラブ	16
週間	15
女	15
性	15
男	15
マイ	14
管理	14
検索	14
公式	14
高校生	14
能	14
コメ	13
ページ	13
ユーザー	13
生活	13
短編	13
恋愛	13
エルフ	12
悪	12

抽出語	出現回数
学園	12
人	12
暗い	11
学校	11
自称	11
美少女	11
霊	11
ゲーム	10
ファンタジー	10
除	10
勇者	10
シリアス	9
最強	9
女神	9
商店	9
総統	9
存在	9
物語	9
文庫	9
ジョン	8
ダン	8
家	8
犬	8
仕事	8
湿る	8
春	8
神様	8
読む	8
ベル	7
愛	7
騎士	7
呼ぶ	7
女の子	7
人間	7
前	7
日本	7
普通	7
冒険	7
雨	6
街	6
帰る	6
現実	6
少年	6
新着	6
神	6
戦争	6
相棒	6
転生	6
電撃	6
謎	6

抽出語	出現回数
譚	6
アクション	5
ギャグ	5
グリーン	5
鉛筆	5
勘違い	5
巻	5
空	5
剣	5
研究	5
見る	5
賢者	5
狐	5
今日	5
困る	5
始まる	5
死ぬ	5
時代	5
自分	5
社会	5
主	5
心	5
声	5
先輩	5
男性	5
地方	5
姫	5
描く	5
目	5
野	5
幽霊	5
妖怪	5
来る	5
裏	5
歴史	5
お願い	4
グルメ	4
ジャスコ	4
ハーレム	4
ヒーロー	4
ファンタジア	4
フリーター	4
ブルー	4
マルチ	4
ミステリー	4
モンスター	4
リー	4
レベルアップ	4
ロ	4
ロケット	4

（表５・ミステリー頻出語）

抽出語	出現回数
ミステリー	202
文字	126
小説	117
月	112
更新	106
年	105
話	104
完結	94
済	92
描写	79
有る	78
探偵	59
探す	51
事件	47
連載	40
残酷	38
謎	38
検索	36
人気	36
作品	31
暴力	30
ページ	29
公式	28
現代	27
短編	27
学園	26
絞り込む	25
ファンタジー	23
ユーザー	23
世界	23
殺人	22
少女	22
恋愛	22
春	21
指定	20
ラブ	18
書籍	18
推理	18
ライト	17
管理	17
人	17
日常	17
コメ	16
マイ	16
高校生	16
読む	16
新着	15
創作	15
桐	14
主人公	14

抽出語	出現回数
物語	14
タグ	13
ドラマ	13
言う	13
前	13
名	13
ベル	12
解く	12
大賞	12
歴史	12
ホラー	11
リー	11
企画	11
江漢	11
死ぬ	11
詩	11
時代	11
性	11
男	11
伝奇	11
童話	11
犯罪	11
エッセイ	10
コメディ	10
ゴリラ	10
ジャンル	10
ノンフィクション	10
ヘルプ	10
華	10
劇	10
高校	10
殺す	10
評論	10
文庫	10
どんでん返し	9
運営	9
参加	9
山	9
時間	9
自分	9
本格	9
シリーズ	8
暗号	8
一つ	8
夏	8
花	8
書く	8
心	8
日本	8
文芸	8

抽出語	出現回数
編集	8
ネタ	7
警察	7
仕事	7
持つ	7
女子	7
水	7
大学生	7
犯人	7
魔法	7
密室	7
連続	7
憑依	7
オフ	6
キャラクター	6
コンテスト	6
サスペンス	6
ショート	6
ランキング	6
レビュー	6
隠す	6
強盗	6
銀鏡	6
群像	6
刑事	6
繋がる	6
今日	6
死体	6
女	6
尚	6
昭和	6
神	6
数	6
奏	6
中編	6
諜報	6
転生	6
発生	6
本	6
妹	6
明智	6
面白い	6
約束	6
幽霊	6
嵐	6
怜	6
霊	6
お知らせ	5
アカウント	5
アクション	5

小説のタイトルとあらすじなんだから「主人公」が上位にくるのが当然のように思えるのですが、現代ファンタジーでは二十パーセントちょっと、頻出順位では二十三位。ミステリーでは十五パーセントに満たず、頻出順位ではようやく四十九位にでてくる程度です（注・「ファンタジー」は頻出語で二度出ますが、「ファンタジー」単独のものと「ハイファンタジー」「ダークファンタジー」などの結合語を切り分けた後のものを別の単語としてカウントしているためです）。

ここからいえるのは「異世界ファンタジーでは『主人公』が『転生』し、『魔法』を使い、『残酷』『暴力』にかかわる物語が多い」ということです。この二重カギカッコで囲んだ部分が「異世界ファンタジーを構成する道具立て（トピック）」になります。

異世界ファンタジーはそのほかに独特のトピックがあります。「勇者」「召喚」「転移」「ハーレム」「猫」「ダンジョン（表では技術上の理由で『ダン』『ジョン』と別の単語でカウントしてあります）」とならべてゆくと、それだけで異世界ファンタジーの世界がうかがえるのではないでしょうか。

『カクヨム』でのミステリーでのトピックの分布は異世界ファンタジーほどの偏りはない

ものの、明らかな傾向はみられます。「探偵」「探す」「事件」「残酷」「謎」が頻出語の上位にあるほか、「学園」「殺人」「少女」「恋愛」「高校生」などがみられます。

さて、ここですこし考えましょう。

あなたはミステリーを書くとき、主人公や探偵役を学生――それも高校生にしていませんか？　高校生の恋愛がからんだ事件にしていませんか？

もちろん、小説投稿サイトでランキングをあげるためならば、これらの人気があるトピックを組み合わせてゆくのが有効だろうとおもいます。

ただし、新人賞に応募する場合にはこうした「人気があるトピックの列記」は不利だとおもってください。

なぜなら、こうしたトピックは「現在、人気があるトピック」であって、「ありふれすぎていて新鮮味がない」ということでもあるからです。

小説投稿サイトはライトノベルに強いという特性があります。『カクヨム』でのランキングでのPV累計数（つまり何人読んだか、です）は、異世界ファンタジーの一位はおよそ一千万アクセスあるのに対し、ミステリーの一位は十一万六千アクセス。読者数が二桁違います。

一般文芸では必須のトピックといえる「警察」は抽出の順位では一〇二位、「密室」も一〇二位、「刑事」は一一四位という具合にかなり下位。アリバイやトリックどころか、「捜査」「所轄」といった単語さえランク外です。

これは「警察小説が人気がない」というよりも、「小説投稿サイトで警察小説を書く人は少ない」と考えるのが妥当なところでしょう。

現に二〇一八年六月十九日午前七時の段階で新橋九段『土俵上の殺人／アラフォー刑事と犯罪学者』は十三位につけています。

よく「売れるジャンルはなんですか」といった質問を受けます。それについては、「いま流行《はや》っているジャンルをいまから書いても遅い」と答えることにしています。

市場は現在を反映するもの、新人賞は未来を反映するもので、役割が異なるからです。

なぜ最終に残らないのか、どうやれば最終に残るのか、というのは、難しい問題です。

ただ、ひとつ断言できるのは、

「ある日突然、『最終に残った』と連絡がくる」

ことです。

手応えというか、「この作品ならいける」というものは、プロになって相応の実績を積んで初めてわかるもので、最終に残るときは、けっこうあっけない感じがするものです。

ともあれ、書き続けなければ最終には残らない。やめないことが大切です。

4　なぜ受賞できないのか

「選考する側の苦悩」はあまり伝えられないのですが、何人かの選考委員からオフレコで聞く限り、「なんとか受賞作を出したいんだけどね」というところは一致しています。

なんだか嘘くさいキレイゴトのようですが、これは文学の将来のどうたらこうたらといった高邁《こうまい》な事情ではなく、もっと現実的な理由によるものです。

数本の作品が最終選考に残り、本選考の選考委員の手元に届くまでの段階で、出版社はすでに何百万もの経費をかけています。

予選にかかる経費だけでも、仮に下読み一本読むごとに千円の選考料が予選委員に支払われたとしても、応募作品が千作をこえれば予選の選考費用は予選委員の報酬だけで百万円が飛びます。

予選を通過すると編集部内での選考が行われ、個々の編集者と編集部内回覧と最終を決める会議で、使った時間の人件費がかかる。

近年は予選を通過した場合に予選通過作品の選評を掲載することもあるので、その選評の原稿料や、応募者の評価シートを作成する場合にはその原稿料などもかかる。

その他の間接費として、告知のための経費や、ネット応募に対応している場合にはサイトの運営費などなどがかかる。

そして、受賞作が出る、出ないにかかわらず、本選考の選考委員には報酬が支払われます。

選考委員の判断で「受賞作なし」にすると、これだけの費用をドブに捨てることになります。受賞作があれば、「○○賞受賞作」とオビをつけて刊行し、運がよければヒットして費用を回収できる可能性もありますが、受賞作がなければその可能性もなくなります。忘れられがちですが、選考委員もしょせんは出版社の出入り業者に過ぎず、どんな巨匠でも立場は弱い。できることなら受賞作を出し、「自分の責任による出版社の損害」は最小限にとどめたい、ということです。

大切なことなのでくりかえします。

出版社も選考委員も、受賞作を出したいとおもっています。

ただし、それがあなたの作品とはかぎらない。

本選考と一次・二次の通過とでは選考の基準が違う

なんだか意表を突く小見出しですが、そういうことです。

結論を先に書きましょう。

予選の時点で重くチェックされるのは「構成」「描写」「会話の違和感」「適切な題材の選択」。

一次・二次・三次・本選考のすべてでまんべんなく高くチェックされるのは、「新鮮味」「人物を描く」「リアリティ」の要素。

予選ではさほど重くチェックされていないのに本選考でチェックされるのが「読後感」「感情移入できるかどうか」「取材能力」です。

表6は小説現代長編新人賞（http://shousetsu-gendai.kodansha.co.jp/prize/）の第十回から第十二回の一次予選通過以上の作品の講評を鈴木輝一郎小説講座の受講生がとりまとめたものです。本人に転載許可をもらい、公開します。まとめた本人はまだ新人賞に挑戦中なので名前は伏せさせてください。

これは、KH Coder などのテキストマイニングツールを使って解析したものではなく人力で抽出したものです。まとめた人が特定されないように詳細は伏せますが、この種の解析をするのが仕事の人だということと、元データと比較しておおきな読み間違いがないこと、ミステリーの新人賞と一般文芸の新人賞の選評を比較した場合、基本的なところはほとんど違いがないので、精度については信頼に足るものです。

このリストは「予選を通過した作品」を扱っているので、「日本語がおかしい」「何が書いてあるのかわからない」といった、「そもそも小説の形になっていない」という要素はふるい落とされています。

もっとも重要なのが「構成（プロット）に難あり」です。「前置きが長い」「情報の整理が出来ていない」「話を薄め過ぎ」などといった理由で一次予選で指摘されたものが七十九ポイントもあることに対して、本選考ではわずか一ポイントしかありません。

つまり、

「ほとんどの作品は構成ミスで最終にたどりつけない」

ということです。

また、「テーマを活かし切れていない」「言葉遣いに違和感」といったことは最終でチェックされていないので、これらは本選考にたどり着く前に必ずふるい落とされているのがわかります。

予選と本選考では「新鮮味」「人物を描く」「リアリティ」がすべてチェックされていま す。これは「ふるい落とされる」のではなく、「予選で通されたものが、最終でさらに厳しくチェックされる」と解釈するのが正しいのだろうと思います。

「新味（オリジナリティ）」では、最終選考の際に「設定、展開に既視感がある」が突出していま す。作品を執筆する際、類似の先行作品をチェックするのが重要な理由は、まさにここにあります。

また、最終では「行動や思考パターンに矛盾がある」「設定、展開に無理がある」といった、ストーリーやキャラクターの行動の矛盾に対してきびしくチェックされています。

予選ではさほど指摘されないのに最終選考で指摘されているのは「不快に感じる」「主人公の心理に共感できない」「ディテール不足」「考証間違い」といった要素です。これは、予選での見落としというよりも、最終選考で問われるところがそこだということです。

「予選落ちした作品を他の新人賞に送り直したら受賞した」という話を耳にします。

⑥	1	ラストが弱い（腑に落ちない、完結していない）	13	9	4	2	28
	2	カタルシスがない	9	1			10
	3	不快に感じる（差別や蔑視、偏見など）	6	1	1	2	10
	4	救い（希望）がない	3			1	4
	5	しらける（受け狙いですべっている）	2	1			3
		小計	33	12	5	5	
		読後感が悪い				**計**	**55**
⑦	1	テーマが感じられない（縦軸がない、芯がない）	18	1	2		21
	2	物語世界が狭い（スケールが小さい）	8	1	2	1	12
	3	ワン・アイディアに頼り過ぎ	8	2	1		11
	4	中途半端（焦点がぼやけている。何かに徹し切れていない）	3	2			5
	5	尻すぼみ（竜頭蛇尾）	3			1	4
		小計	40	6	5	2	
		物語が弱い				**計**	**53**
⑧	1	主人公の心理に共感できない	19		4	2	25
	2	主人公が成長しない（行動半径が狭い、受け身、流される）	9				9
	3	ハードルがない（困難に遭遇しない。ライバルがいない）	3			1	4
	4	作者の自己満足（一人よがり、妄想レベル）	5				5
	5	葛藤が無い（話がスムーズに進み過ぎ）	1	1			2
	6	味気ない（遊び心がない）	1				1
		小計	38	1	4	3	
		感情移入できない				**計**	**46**
⑨	1	視点の乱れ	7			1	8
	2	謎や伏線の放置	3		1		4
	3	言葉選びが雑（余分な修飾、おおげさ、繰り返し）	4				4
	4	読み難い（改行のタイミングなど）	4				4
	5	マニアック過ぎ	1		2		3
	6	専門用語等の説明不足	2				2
	7	誤字脱字等	1			1	2
		小計	22	0	3	2	
		読者への配慮不足				**計**	**27**
⑩	1	ディテール不足（取材不足）	6	4		2	12
	2	物語に至る背景、歴史などが希薄	6				6
	3	考証間違い	2		1	2	5
	4	孫引きの知識	1				1
		小計	15	4	1	4	
		掘り下げ不足				**計**	**24**
⑪	1	言葉遣いに違和感（時代、性別等）	8		1		9
	2	会話で説明し過ぎ	6				6
	3	意味が通じ難い（話し言葉そのまま、無駄が多い）	4				4
	4	理解できない方言	1				1
		小計	19	0	1	0	
		会話に違和感がある				**計**	**20**
⑫	1	テーマを活かし切れていない	4	1			5
	2	何故それを書こうとしたのか理解に苦しむ	3				3
	3	作者の年齢不相応の題材	1				1
		小計	8	1	0	0	
		題材選択ミス				**計**	**9**

サンプル合計 638

（表６・新人賞選評解析）

使用データ：小説現代長編新人賞　第10回〜第12回）の1次通過以上の作品講評（ネット公開）

カテゴリ	番号	指摘内容	レベル別指摘数				計
			1次	2次	3次	4次	
①	1	前置きが長い（なかなか物語が動き出さない）	10	8	2		20
	2	エピソードや人物の詰め込み過ぎ（情報過多）	11	1	1	1	14
	3	情報の整理が出来ていない（話がとっ散らかっている）	10	2	1		13
	4	話を薄め過ぎ（ネタが短編向け、中だるみ、回り道、枚数稼ぎ）	10	3			13
	5	山場がない（盛り上がりに欠ける）	9		2		11
	6	話がわかり難い（複雑過ぎ、唐突過ぎ）	10	1			11
	7	バランスが悪い（密に書き込むべき所とさらりと流すべき所）	9	2			11
	8	時系列の乱れ（カットバック多用で今がいつなのかわかり難い等）	6	1			7
	9	単なる短編集で相互のつながりがない	4	2			6
		小計	79	20	6	1	
		構成（プロット）に難あり				**計**	**106**
②	1	設定、展開に既視感がある（既存の作品とかぶる）	26	4	1	4	35
	2	ストーリーに意外性がない（予定調和）	20	1		1	22
	3	著者の個性が感じられない（印象に残らない）	14	2			16
	4	時事ネタを扱っている（貧困、いじめ、家庭内暴力、性同一性障害等々）	5			2	7
	5	作風が既存の作家とかぶる	2	2		1	5
	6	感覚、雰囲気が古くさい（現代の読者に合わない）	3	2			5
		小計	70	11	1	8	
		新味（オリジナリティ）に欠ける				**計**	**90**
③	1	行動や思考パターンに矛盾がある（著者の都合で動かされているだけ）	13	1	1	3	18
	2	キャラクターが弱い（個性がない）	11	1	1		13
	3	キャラクターが類型的（マンガ的）	6	3	2	2	13
	4	登場人物に魅力がない	10		2		12
	5	人間ドラマがない	8	2	1		11
	6	リアリティがない（血が通っていない。実在するとは思えない）	8	1	1		10
	7	悪人の行動原理が書けていない			1	1	2
	8	善人しか出てこない		1			1
		小計	56	9	9	6	
		人物が描けていない				**計**	**80**
④	1	設定、展開に無理がある（いかにも作り話）	38	1	2	4	45
	2	ご都合主義（偶然の多用など）	17	3	4	1	25
		小計	55	4	6	5	
		リアリティがない				**計**	**70**
⑤	1	事実の羅列（ノンフィクション的）	17		1		18
	2	説明過多	11	2	2	1	16
	3	ト書き、あらすじ、シナリオ的	12	3			15
	4	凡庸な比喩の多用	4		1		5
	5	像を結ばない（想像できない）	3	1			4
		小計	47	6	4	1	
		描写不足				**計**	**58**

これは、表から解析したとおり、一次・二次・三次の選考基準と本選の選考基準がことなることによるものです。

つまり「既視感がなく、ストーリーの展開に無理がなく、強いラストでディテールの書き込みがしっかりしており、行動に矛盾がなく魅力的で共感できる主人公」の作品だと、なにかの拍子に予選をくぐり抜けた場合、最終で強い、ということです。

こうして列記してみると、よくこれで予選に落ちたものだと、そのほうに感心しちゃいますが。

運と才能に左右されるのは事実

最終にコンスタントに残るようになると、運や才能におおきく左右されます。

ここで大切なのは「才能がありません、運もありません」と言われて「ではやめます」という人は、そもそもプロの小説家には向いていないということです。天からあたえられた、限られた運と上限の見えている才能をどうやってやりくりするかということでプロになれるかどうかは決まってくるので。

新人賞というのは限られた数をとりあう椅子取りゲームなので、最終的には運に左右されます。競争相手がいなくてあっさり決まることもありますが、やたらめったら凄いメンツが最終に残ってしまうこともあります。

凄いメンツがまんべんなく毎年散らばれば応募者も主催者も読者もみんな幸せになれるんですが、なかなかそうもゆかない。集中することがけっこうあります。いわゆる「当たり年」ってのは実在します。

『文学賞の世界』(http://prizesworld.com/prizes/)をざっとチェックしてみましょう。「どのぐらい凄いメンツだったか」ってのはそれなりに年数が経たないとわからないので、古い記録をあたってみましょう。

一九六九年第十五回江戸川乱歩賞に森村誠一さんが『高層の死角』で受賞したときの最終候補に残ったのは大谷羊太郎さん、夏樹静子、永井泰宇《やすたか》氏。永井氏は漫画家の永井豪氏の実兄で、漫画原作者と、ライトノベルの分野で活躍の由《よし》。

一九七二年第十八回江戸川乱歩賞は受賞者が和久峻三氏。このときの候補者が皆川博子氏、中町信、山村美紗。

一九九七年第四十三回の乱歩賞で野沢尚が受賞したときの候補が池井戸潤さん、福井晴敏さん、高嶋哲夫氏。池井戸さんと福井さんは翌年、揃って乱歩賞を受賞しています。

毎回毎回最終に残ることができればいいのですが、最終選考に残るのもだいたい四作から五作と椅子の数が決まっているし、プロでも毎回傑作を書くのは難しい。よく書けた作品がそんな凄い人とあたる不運、ってのはあります。

ただ、ひとつ断言できるのは「自分は運が悪かったかな?」とおもうのは、何年も経って、かちあった人が受賞後大活躍して、自分との実力の差を見せつけられてから、ですね。真っ最中のときに「自分は運がない」とおもうのは、けっこう間違いだということはいえます。

才能について。

これは具体的な例をあげると差し障りがある――というか「お前が言うな」状態になるので、ぼくの例をあげましょうね。

一九八七年（このときまだ昭和だよ）第二十六回オール讀物推理小説新人賞ではじめて最終に残りました。このときの受賞者が宮部みゆきさん。「かちあった相手が悪かった」といいたいところですが、一九八八年に最終に残ったときは「受賞作なし」、一九八九年は二次どまり（この年も「受賞作なし」だったので、応募者全体の水準が低かったことがわかる）。一九九〇年にも最終に残ったものの落選（このときは佐竹一彦さんと獅子宮敏彦氏が受賞した）。

その当時、短編の新人賞はけっこうあったので片っ端から応募していました。おおむね三十本ぐらい出していました。ほとんど予選落ちをしたことはありませんでしたが、最終に残ったのはこの三回だけ。新人賞はとらずじまいでデビューし、ほどなくして日本推理作家協会賞をいただいたので「新人」じゃなくなって今日にいたっています。

こうした投稿歴から小説家鈴木輝一郎の「生まれつきの才能」を評価すると、「それなりではあるが斬新さに欠け、プロでやってゆくにはけっこうきつい水準」だったのがわかります。

もちろん、三十年近く小説家をやっているんで、「この才能でもけっこうなんとかなる」と断言ができるのと、「いい作品を書く才能とプロであり続ける才能は別物」と断言はできます。

才能についても「運」と同様、あとで振りかえってみて、はじめてあったかなかったか、ってのがわかるものではありません。

いずれにせよ、「運」も「才能」も、努力して増やせるものではないので、どうしようもないっちゃどうしようもない話なんですが。

これから――小説家は幸せか

序章が「はじめに」なら終章は「おわりに」でしょうが、本書を読んでいる人は、おわりじゃなくて本書を読んでからあれこれやることがあるわけですから「これから」の話をしましょうね。

先日の講座のとき、受講生から質問を受けました。

「作家って、幸せですか？」

一瞬、聞き間違いかと思って聞き返したんですが、重ねて質問されました。

「小説家という職業は、幸福ですか？」

次の瞬間、二十五歳で書き始めてからいままでのことが、音を立てて脳裏を駆けめぐりましたねえ。

ワープロが初めて十万円を切ったんで秋葉原に駆け込んで買ったものの、スペックが貧弱すぎて小説を書くぐらいしかできることがなく、しかたなく小説を書いて投函したら予選をとおり、「小説家になろう」と決めたこと。

東京の小説講座に高速夜行バスで通い始めたとき、バスに備え付けの安眠用のＢＧＭが田原俊彦の『抱きしめて TONIGHT』一曲だけしかなく、夜通しエンドレスで聴いていて、「俺は何をやっているんだろう」と自分に問いかけたこと。

デビューして何年か経ったとき、同業者の知人から電話がかかってきた。

「@さんが亡くなって、明日、都内で葬儀がある」

このとき@さんは二十代だった。

「親御さんの葬儀ならパスさせてもらう」

「馬鹿野郎、本人だ」

詳細は聞きませんでした。

小説家の仕事は鬱《うつ》病を誘発しやすく、みずから死を選ぶケースがじつに多い。名の通った文豪だけではなく、無名のまま、人知れず亡くなる同業者はけっこういる。一時期、ほぼ毎年、同業者の訃報を耳にしました。

不眠症もまた、小説家の職業病です。入眠時にいろいろ思いつくので枕元にメモ用紙を置いて寝るんですが、もちろんこれは不眠症の原因となります。デパスやらハルシオンやらレンドルミンやらサイレースやら、まあ、その種の薬には詳しくなります。

生活保護から抜け出そうとしている同業者がいる一方で、別荘やクルーザーを持っている同業者もいる。銀行は小説家には融資してくれないので自動車は現金払い。下手するとアパートを借りることもできなかったりする。クレジットカードの審査は落ちるのがわかっているので、自営業をしていたときにつくったカードを焦げ付かせないようにするのに必死です。

エゴサーチをすると的外れなレビューに無力感でいっぱいになる。同業者からそう聞いて怖いものみたさに自分のエゴサーチをすると自分の書いた記事しか出てこなくて落ち込む。

ストーカーに遭うのは日常茶飯事です。若い同業者と名刺交換すると、住所どころか電話番号もなく、書いてあるのは名前とメールアドレスだけ、ってのが増えました。もちろんストーカー対策です。

いまは歴史小説の執筆がメインになったとはいえ、ミステリーのオファーがきても対応できるようにしていると、自然と警察機構には詳しくなる。芸能人が覚醒剤で逮捕されたとき、証拠として採尿された検体をお茶だと主張して不起訴となったニュースが流れた。

「あれは採尿するときに本人の尿道から出たものだと確認しなかった組対の刑事のミス。シャブは再犯するんで、そこそこの証拠より現行犯で押さえるのを待つと検察が判断してうんぬん」とカタギの友人に解説したら、顔をこわばらせて引かれました。

職務質問を受けることは日常的にある。救急車で緊急搬送されて意識確認で職業をたずねられたとき、「小説家です」とこたえたら救急隊員にすかさず「患者、意識混濁しています」と本部に報告される。

こんな、小説家という仕事は、幸せなんだろうか。


「幸せです」

と、断言しました。

自分の書いた本が書店の店頭に並んだ瞬間の快感は、なにものにもかえがたい。

薬物依存症リハビリテーション施設のボランティアをやっている関係で、覚醒剤にはまった経験のある友人がけっこういる。彼らによると「初めてキメたときは、人生が変わるほどの（人生が変わっちゃったわけですが）快感」なんだそうだ。何人もの話を聞けば聞くほど小説家の快感に近いものがある。ただ、ふつうは（ぼくも）覚醒剤はやらないのでここらへんのところはうまく説明できない。

「いままでの人生を思い返してくださいな。そのなかでもっとも気持ちよかったことを思い出してごらん」

人間はよかったことは忘れないようにできているので、意外とすんなり思い出せます。

「それを十回ぐらい繰り返したのと同じぐらいの快感が一度にくるよ。自分の本が店頭に並ぶのって」

さて、この回答で納得したかどうか。

ただまあ、ひとつだけ、自信を持っていえることがあります。

小説家は、一度やったらやめられない。

※本書をお読みになったご意見・ご感想をお寄せください。

あて先

郵便番号　一五一－〇〇五一
東京都渋谷区千駄ヶ谷二丁目三十二番二号
河出書房新社　編集部
鈴木輝一郎著『何がなんでもミステリー作家になりたい！』係

鈴木輝一郎（すずき　きいちろう）

一九六〇年岐阜県生まれ。日本大学経済学部卒業。九一年『情断！』でデビュー。九四年『めんどうみてあげるね』で第四七回日本推理作家協会賞受賞。著書として『浅井長政正伝』『信長と信忠』『本願寺顕如』『金ケ崎の四人』『織田信雄』『姉川の四人』『桶狭間の四人』『新・何がなんでも作家になりたい！』『何がなんでも新人賞獲らせます！』等多数。又、主宰する鈴木輝一郎小説講座からは各新人賞受賞者を多数輩出。全国屈指の受賞率を誇る。

『小説家鈴木輝一郎は今日もパコパコ』
http://www.kiichiros.com

『鈴木輝一郎小説講座ダイジェストチャンネル』
https://www.youtube.com/c/kiishirosjp

何がなんでもミステリー作家になりたい！

二〇一九年一月二〇日　初版印刷
二〇一九年一月三〇日　初版発行

著　者　鈴木輝一郎
装　幀　坂川栄治＋鳴田小夜子（坂川事務所）
発行者　小野寺優
発行所　株式会社河出書房新社
〒一五一－〇〇五一
東京都渋谷区千駄ヶ谷二－三二－二
電話　〇三－三四〇四－一二〇一（営業）
　　　〇三－三四〇四－八六一一（編集）
http://www.kawade.co.jp/

組　版　KAWADE DTP WORKS
印　刷　株式会社亨有堂印刷所
製　本　小髙製本工業株式会社

Printed in Japan　ISBN978-4-309-02774-6

河出書房新社の本

人生讃歌

小檜山博

極貧の絶望にあっても、ひたむきに生きた。人の情けと温もりに支えられた。振り返れば苦難の道も輝く。珠玉のエッセイ。**河出文庫**

人生という夢

小檜山博

悲しくて空を見上げれば、希望という名の虹の橋。夢があるからこそ、生きてこられた。人生の不思議と輝きを描く感涙のエッセイ。

人生という花

小檜山博

春夏秋冬、季節は巡り、花々が咲き誇る。生きている限り新たな希望が湧き上がる。「花」に関わる名句や諺から、人間の奥深さを描く。

一読、十笑、百吸、千字、万歩
――医者の流儀

石川恭三

八十歳・現役医師が提唱する、実りある老いを生きるための最良の方法！　無理なく続けられる健康法の数々。書き下ろし三十六篇。

老い越せ、老い抜け、老い飛ばせ

石川恭三

今日一日、明るく生きましょうよ！　名医が教える老化防止の秘策、元気に歳を重ねるための極意、三十六篇。豊かな老いへの第一歩。

いい老い加減

石川恭三

「喋って、動いて、考えて、よく寝て、よく食べ、よく笑え！」。八十二歳現役医師によ る老い方上手の秘訣を、ユーモラスに綴る。

河出書房新社の本

明日への一歩
津村節子

夫・吉村昭の手紙から蘇る、作家同士の夫婦の歩み。遥かなる歳月を心に抱き、新たな一歩を踏みしめる人生の旅路。感動の四十一篇。

感傷的な午後の珈琲
小池真理子

恋のときめき、愛しい人たちとの別れ、書くことの神秘。喜びと哀しみに身をゆだね、生きていく。芳醇な香り漂うエッセイ四十六篇。

チャイとミーミー
谷村志穂

かけがえのない家族として、二匹の猫たちと哀歓を共にする日々を綴るエッセイ。チャイとの別れを描く文庫版書下し収録。**河出文庫**

鎌倉の家
甘糟りり子

天井には太い梁、客間には囲炉裏、庭に咲き誇る四季の花々――。風情ある日本家屋で育った著者が、鎌倉の魅力を鮮やかに描き出す。

天皇と日本国憲法
反戦と抵抗のための文化論
なかにし礼

日本国憲法は、世界に誇る芸術作品である。生と死を見据えてきた著者が、永遠なる平和と自由を追求する感動のエッセイ。**河出文庫**

君の唇に色あせぬ言葉を
阿久悠

時代を超え、人々の心に刻まれる阿久悠の言葉には、未来への希望があふれている。人生に悩めるすべての人々に捧ぐ、感動の箴言集。